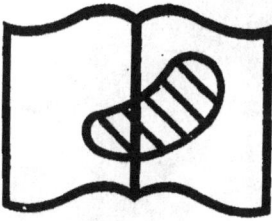

Illisibilité partielle

VALABLE POUR TOUT OU PARTIE DU
DOCUMENT REPRODUIT

Contraste insuffisant des couvertures
supérieure et inférieure

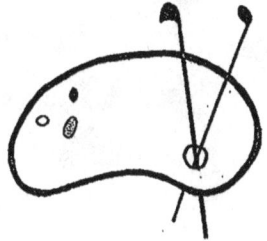

DÉBUT D'UNE SÉRIE DE DOCUMENTS
EN COULEUR

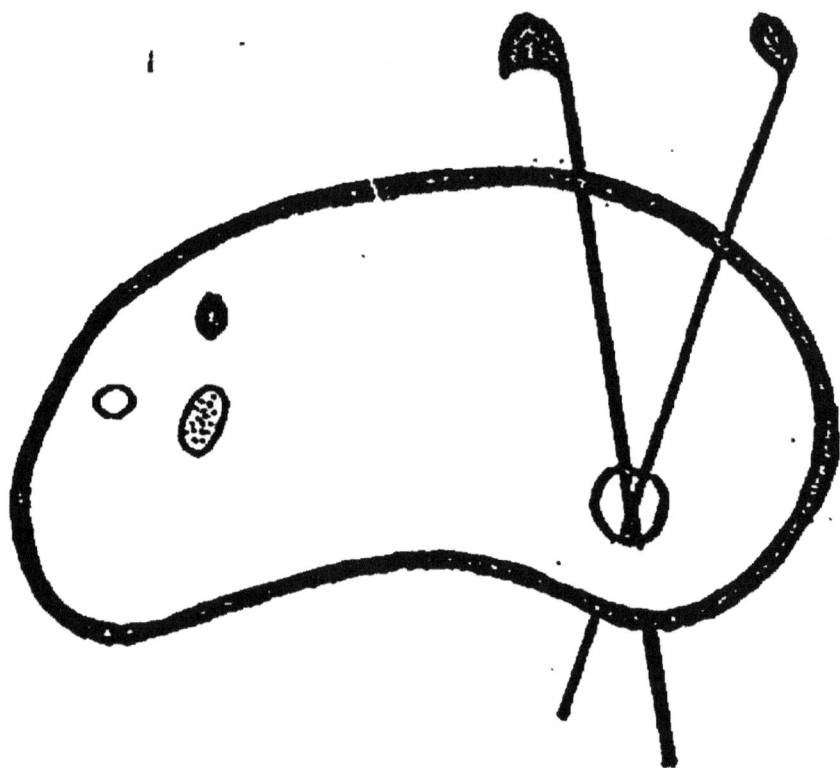

FIN D'UNE SERIE DE DOCUMENTS
EN COULEUR

LK 2630

# VOYAGE

## A L'ISLE

## DES PEUPLIERS.

Que vous répondre bon jeune homme ,
je suis malheureuse.

Chalsou .                              Mariage .

# VOYAGE

## A L'ISLE

## DES PEUPLIERS,

Par Arsenne Thiébaut.

Orné de quatre belles Figures gravées par Mariage.

---

« De l'Élysée , où tout est volupté,
« Je regardais le favorable asyle
« Comme un beau rêve à plaisir inventé;
« Mais je l'ai vu ce séjour enchanté,
« Oui , je l'ai vu, je viens d'Ermenonville.

( M. de Nivernois. )

A PARIS;

, AU MAGASIN DES ROMANS NOUVEAUX,

Chez LEPETIT, Libraire, Quai des Augustins , n.° 32.

---

An VII.

# ÉPITRE DÉDICATOIRE.

## A MA MÈRE.

——

LES *Tournefort*, les *Linnée*, les *Plumier*, les *Commerson* et autres botanistes célèbres, ont immortalisé leurs amis, en donnant leurs noms aux nouveaux genres de plantes qu'ils établissaient......, Moi, j'ai besoin d'immortaliser ma tendresse, ma reconnaissance, mon amour,

A 3

en plaçant ton nom adoré à la tête de cet écrit.

Je viens donc, au nom de la piété filiale, te l'offrir. Il est l'expression libre de mon cœur. Tu reconnaîtras à chaque page les sentimens généreux que tu m'as inspirés, et que m'ont fait naître l'exemple touchant de tes vertus et de tes bontés, la sainte harmonie qui règne entre toi et mon Père, et ta douce affection pour tes enfans. Tu y verras une peinture simple, mais vraie, des bois, des champs, des beautés de la Nature, des enivrantes délices de la Campagne où tu passas tes premières années, où tu formas ces nœuds sacrés, principe de mon existence, où tu coulas des jours tranquiles et heureux au milieu des plaisirs innocens et des jouissances les plus pures. J'y parle aussi de ce Philosophe incomparable, dont les œuvres immortelles te procurent d'utiles et agréables délassemens....... Je m'y entretiens de tout ce qui me fut cher, de tout ce que j'aime, de

A 4

tout ce que je rechercherai sans cesse.....

Puisses-tu, ô la meilleure des Mères , ô la plus tendre des amies, trouver quelque plaisir à me lire !.....

Ton affectionné fils ,

ARSENNE THIÉBAUT.

# RÉFLEXIONS PRÉLIMINAIRES.

LES Arts, enfans du Génie, ont été créés pour nous rendre la vie plus agréable, la vertu plus sensible, pour entretenir dans nos cœurs le feu sacré de l'amour de la Patrie et de l'Humanité; en un mot, pour nous faire mieux goûter toutes les beautés et tous les charmes de la Nature. Les Sciences, fruit des travaux pénibles et constans de l'homme civilisé, sont les canaux d'où découle la Vérité; il faut remonter leurs cours pour retrouver sa source divine, et contempler, dans toute leur majesté, les œuvres étonnantes et immortelles du Souverain Architecte de ce vaste Univers. J'ai étudié les Arts, j'ai recherché les Sciences, et j'ai aimé à consulter les Artistes et les Savans ; ils ont agrandi ma pensée, embrasé mon ame d'un saint enthousiasme pour les connaissances utiles, et m'ont surtout imposé le désir de connaître à fond toute l'étendue de l'ESPRIT HUMAIN.

Mon éducation fut simple, mais bonne ; mes parens ont tout fait pour moi, et si elle n'a pas été complette, ce n'est pas leur faute, mais celle des circonstances. J'ai su cependant m'en dédommager par l'étude, en partageant mon

tems entre l'art nourricier de Trip-
tolème, et les devoirs que j'avais à
remplir comme employé près les
administrations centrales des Vosges et de la Meurthe. Les champs
avaient pour moi un attrait irré-
sistible ; j'aimais à me livrer à ce
premier des Arts, trop long-tems
sacrifié aux fureurs de Bellone.....
O douce paix ! reviens, nos cœurs
t'appellent, entends tout un peuple
qui te conjure de lui rendre le bonheur. Vois nos jeunes défenseurs,
la gloire du nom Français, qui te
tendent les bras. Les sacrifices que
tu exiges sont grands, parle, .....
ils les feront tous pour obtenir tes
faveurs : ô divine Paix, ne sois pas
insensible à la prière d'un ami de
l'humanité ! .....

Dans les momens de loisir que
me laissaient l'étude et le travail,
j'aimais à m'enfoncer dans la profondeur des forêts. La sensible
Amitié daignait m'y suivre ; elle
me faisait sentir le besoin impé-
rieux de m'instruire. J'écoutai ses
conseils, je fus pénétré d'une grande
vérité qu'elle me répétait souvent,
et que je n'oublierai jamais : « Lis
« beaucoup , me disait-elle, les
« livres sont le fruit des connais-
« sances acquises et des longues
« veilles d'un petit nombre d'amis
« de l'humanité. Fréquente la
« compagnie des hommes qui il-
« lustrent ton siècle, c'est dans
« leur société que tu puiseras les
« règles du goût, c'est en conver-
« sant avec eux que tu formeras
ton »

« ton esprit, exerceras ton juge-
« ment, et éclaireras ta raison,
« que tes pensées se purifieront et
« prendront de la solidité. »

Mes premières lectures furent
donc PLUTARQUE et ROUSSEAU.
Je dévorais leurs sublimes ouvrages.
L'estime et le respect que je conçus
pour SOCRATE et JEAN-JACQUES,
me les firent adopter pour maîtres.
L'analogie qui règne dans le caractère de ces deux grands hommes
me frappa. Tous deux aimaient
la vie champêtre, qui seule peut
rendre l'homme heureux, et former
les vrais sages. Je lus tout ce qui
avait été écrit *pour* et *contre* ces
deux génies extraordinaires, l'honneur et la gloire de leurs siècles;
et parmi ces ouvrages, j'ai trouvé

le *Voyage à Erménonville*, par
LETOURNEUR, traducteur d'*Os-
sian*, *d'Younk*, etc (*a*). Les détails précieux qu'il renferme sur la
beauté du lieu, et sur les particu-
larités de la mort de l'illustre
citoyen de Genève (*b*), détails où
règnent la précision, l'élégance
du style, la candeur et la naïveté,
me firent naître le desir de faire
un pélerinage au tombeau que lui
éleva l'Amitié consolatrice, et par
conséquent de visiter Erménonville.

---

(*a*) Ce voyage fut fait quelques jours après
la mort de J. J.

(*b*) ROUSSEAU naquit à Genève le 4 juillet
1712; il mourut le 2 juillet 1778, et fut
inhumé le 4 dans l'isle des Peupliers, à
Erménonville.

Je me rappelais que le premier peuple libre venait de toutes les parties de la Grèce visiter le lieu de la sépulture des trois cents Spartiates, morts à la journée des Thermopyles. Que de nos jours, des savans de l'Italie vont visiter le tombeau de VIRGILE, au-dessus de la grotte du Posylipe, ainsi que celui de SANNAZAR, surnommé *Sincerus*. Je pensais aux sectaires de *Mahomet*, qui, des bords glacés de l'Atlantique et des régions les plus lointaines, se rendent en nombreuses caravannes à la Mekke pour voir le *Ka'abah*, ou bâtiment quarré, et qui croiraient manquer au Prophète si, une fois au moins dans la vie, ils ne remplissaient cette sainte obligation. Ainsi, me disais-je, l'homme bon et sensible viendra religieusement, chaque année, visiter Erménonville..... Rempli de ces pensées, j'entrepris mon pèlerinage.

———

VOYAGE

# VOYAGE

## A L'ISLE

## DES PEUPLIERS.

» C'est à la campagne qu'on apprend à aimer, à
« estimer l'humanité ; à la ville on n'apprend
« qu'à la mépriser. »        *J. J. Rousseau.*

## PREMIÈRE PROMENADE.

LE printems renaissait ; la Nature se parait de ses plus beaux
habits. Le laboureur joyeux, re-
prenait le manche brillant de sa
charrue. L'année rajeunie se plaisait à folâtrer sur la tendre pelouse,
avec les jeux, les ris et l'aimable
fils de Vénus. Les plaines, les
vallons, les montagnes, les bois,
les rivières et les cieux offraient à
l'observateur un spectacle qu'il ne

B *

pouvait se lasser d'admirer......
Quelle douce jouissance pour mon
cœur de revoir la belle saison,
d'entendre le chant gai de la Li-
notte, du joyeux Pinçon, du sautil-
lant Roitelet!.... Je vis avec une
douce émotion les agneaux bondir
sur la terre embaumée de thym et
de serpolet. Ils puisaient une nourriture saine et abondante. J'entendais le Coursier hennir, il exerçait
et développait sa mâle vigueur. Le
papillon léger voltigeait de fleurs
en fleurs; les champs et les buissons
se couvraient de verdure.

O Nature! qu'il est doux de sentir
tes beautés!... Les couleurs variées
de tes innombrables productions,
l'horreur religieuse de tes antres
Profonds, la solitude de tes grottes,
le silence des forêts, le délicieux

parfum des plantes, le goût suave des fruits, l'étonnante structure du Ciron, le mécanisme du corps humain, la force des bras, l'équilibre des jambes, la dextérité de la main, les travaux de l'Abeille, « de ce peuple chimiste à qui tu « communiquas le rare secret de « s'enrichir sans appauvrir autrui, « et l'art sublime d'extraire un « baume parfait de mille plantes « odoriférantes, sans blesser leur « substance délicate...... (c) ; » le vol rapide des oiseaux qui, soutenus par leurs ailes, voyagent dans l'espace, et l'existence de l'huître qui ne reçoit sa nourriture que de la mer;..... tout chez toi excite mon admiration et ma recon-

(c) Imitation d'une pensée de l'anglais HERVEY, *Méditations sur les Tombeaux.*

naissance, tout frappe mes sens, élève ma pensée, et touche mon cœur.

O Nature! m'écriai-je encore, c'est toi, je le sens, qui conduisis les pinceaux des RAPHAEL, des RUBENS, des LE BRUN, des VIEN, des DAVID; c'est toi qui inspiras ARISTOTE, PLINE et BUFFON; c'est toi qui échauffas la verve poétique des QUINAULT, des LA FONTAINE, des HALLER, des LÉONARD, des FLORIAN.....

Père des humains, ô mon Dieu! je reconnais par-tout ta main bien-faisante; par-tout ta bonté pré-voyante se découvre à mes yeux... Que ce spectacle est ravissant, et qu'il cause d'émotion à mon ame attendrie!..... Reçois le tribut du plus pur hommage.... Puissé-je être toujours bon et juste!.....

puissé-je ne jamais oublier la pra-
tique des devoirs que tu m'as im-
posés comme fils, comme homme,
comme citoyen !... puissent aussi
mes jours être heureux !!... (d).

J'étais livré tout entier à ces réflexions consolantes, lorsque mes

———————————————————

(d) « Je ne trouve point de plus doux
« hommage à la Divinité, que l'admiration
« muette qu'excite la contemplation de ses
« œuvres. Je ne puis comprendre comment
« des campagnards, et sur-tout des solitaires,
« peuvent ne pas avoir de foi ; comment leur
« ame ne s'élève pas cent fois le jour, avec
« extase, à l'auteur des merveilles qui les
« frappent. Dans ma chambre, je prie plus
« rarement et plus séchement ; mais à l'aspect
« d'un beau paysage, je me sens ému.....
« Une vieille femme, pour toute prière, ne
« savait que dire ô !.... L'évêque lui dit :
« bonne femme, continuez de prier ainsi,
« votre prière vaut mieux que les nôtres.
« Cette meilleure prière est aussi la mienne. »
J. J. Rousseau, Confessions.

yeux furent frappés d'étonnement
et de plaisir..... Le pittoresque de
la route, les beautés sans nombre
qui se développaient devant moi,
l'agréable position de Champlâ-
treux et de Luzarche me firent
remarquer le paysage le plus gai,
le plus varié et le plus majestueux...
Ma joie était grande, mais elle fut
un instant interrompue par l'approche d'un jeune enfant qui m'ac-
costa, et me dit d'un ton qui me
serra le cœur : — *Mon bon Monsieur,*
*pardonnez-moi , s'il vous plaît,*
*mais j'ai bien faim , je viens vous*
*demander de quoi manger.* — Je
ne pouvais plus parler , je tirai
de ma poche quelques pièces de
monnaie, et les donnai à ce malheureux enfant. Il me salua hon-
nêtement ; un rayon de gaieté brilla

sur ses traits, et en se retirant, j'entendis qu'il s'écriait : *O maman ! maman, tu auras du pain...* -- Ces paroles me frappèrent, je le rappelai.
Il revint aussitôt, et me demanda ce
que je désirais de lui. -- Vous par-
liez tout-à-l'heure de votre maman,
où est-elle ? ... -- Une larme coula
sur sa joue..... *Hélas ! je ne puis
vous le dire....* -- Pourquoi donc,
mon ami ? est-ce que vous vous
méfiez de moi ? ... -- *Non, monsieur, mais.....* Qui vous retient ?
parlez, mon ami , regardez-moi
comme votre frère... -- *Mon frère !
ah mon dieu ! il est bien à plaindre...*
Je le pressai de nouveau. -- *Maman
me grondera , je n'ose, ......* et en
même temps il m'entraîna par l'ha-
bit. Je m'éloignai de la route, et
derrière un épais buisson à quel-

ques pas de là, l'enfant me dit à voix
basse : *elle est là...* J'avançai avec
calme, mon cœur pressentait une
bonne action, je jouissais déjà.....
*La voilà !..* je l'aperçois, cette mère
infortunée, couverte des haillons
de la misère ; elle tenait ses yeux
fixés sur un petit enfant qui cher-
chait en vain sur son sein la nourriture qu'il réclamait ; elle baisait
à plusieurs reprises ses mains in-
nocentes... Je restai immobile un
instant ; les larmes roulaient dans
mes yeux, lorsqu'elle fixa ses regards de mon côté... Elle fut d'a-
bord surprise, puis la crainte trou-
bla son ame. Je volai près d'elle
et la rassurai.... La pudeur eut ses
droits ; cette femme était jeune et
belle ; ses yeux se baissèrent, et
de sa main elle cacha un sein qui,
(l'avoûrai-je

(l'avoûrai-je!...) me fit plaisir à
voir... Je l'interrogeai... Que vous
répondre, bon jeune homme, me
dit-elle ? je suis malheureuse, mon
mari, que je ne cesserai d'aimer,
malgré les maux dont il m'accable,
conçut de la jalousie; il crut que
son épousè oubliait les devoirs
qu'elle avait contractés à la face
du père des humains, et que la
couche nuptiale avait été profanée par l'infidélité; il se porta
à des excès contre moi, il me fit
souffrir mille tourmens, et finit
par m'abandonner avec ces deux
malheureux...-- Nos larmes se ren-
contrèrent, et le silence succéda
à ce funeste aveu.....-- Je n'ai plus
d'espérance qu'en Dieu et la bienfaisance des hommes, je ne l'appelle, continua-t-elle, que pour

C

mes enfans.... je leur ai donné le
jour, je dois le leur conserver;
j'aime à les entendre me donner ce
nom si touchant de mère, je les
presse contre mon cœur, et les arrose de mes larmes..... -- Femme
respectable et malheureuse, que
ne suis-je fortuné, je vous rendrais
bientôt le bonheur, mais hélas ! je
n'ai que cette modique somme,
acceptez-en la moitié, je serai trop
heureux si elle peut vous rendre
la vie moins amère. Elle voulut me
remercier, mais j'embrassai ses
enfans, et me retirai le cœur oppressé de cette scène.

Je regagnai la route; en vain je
voulus rassembler mes idées, je
voyais toujours cette malheureuse
mère;... son image me suit encore... -- O vous qui possédez les

dons de la Fortune , apprenez à
faire un bon usage de votre or ;
secourez l'indigent, descendez souvent dans l'humble chaumière,
vous connaîtrez la plus pure des
jouissances, celle de secourir votre
semblable.

Je gagnai ensuite la forêt de
Chantilly ; elle est plantée sur un
fond de sable fin et mouvant , son
étendue peut avoir environ quinze
mille hectares ( huit mille arpens ).
Elle est coupée par un grand nombre de routes.... Phébus touchait
aux portes de l'occident ; il saluait
la terre , et précipitait ses cour-
siers vers le séjour d'Amphitrite.
Le jour commençait à baisser ;
bientôt le ciel se couvre d'un voile
gris, le crépuscule paraît, le silence
règne dans la nature... L'étoile du

soir et la rosée du printems forcent
les troupeaux à rentrer dans l'é-
table.... La Nuit, montée sur son
char d'ébène, quitte l'Erèbe, et
parcourt toute la voûte céleste.....
La lumière pâle des étoiles semble
diminuer la profondeur des ténèbres.... Bientôt Phébé parait, et
répand sur tous les objets sa lumière incertaine. Que j'aime ta
douce clarté et le calme de ton
règne, bel ornement de la nuit,
guide des voyageurs, compagne et
amie des infortunés !... que ta présence m'est chère !.. avec toi j'oublie l'existence des maux ; tu répands dans mon sein un baume
salutaire qui me remplit de joie,
de bonheur et d'amour ; seul avec
toi sous ce feuillage, que pénètrent
les doux rayons, j'oublie qu'il

existe des êtres cruels, et je me
crois loin de leurs atteintes.

*. . . Tutta la natura*
*Me consolar procura. . .*

Oui, si j'éprouve des chagrins,
si j'endure des persécutions, je vais
voir la Nature, et toute la Nature
s'empresse de me consoler.

Le calme de la forêt n'était interrompu que par le murmure du
feuillage doucement agité par l'ha-
leine amoureuse du zéphir ; on entendait de loin le cri lugubre de
l'oiseau de la nuit, et le croassement
des habitantes des marais.

Mais quoi! j'entends pousser des
soupirs,...... d'où partent-ils ?.....
ils redoublent ;..... serait-ce encore
quelque malheureux ?...... puis-je
soulager sa peine ?...... ou plutôt

C 3

est-ce une victime tombée sous le
fer homicide?..... Cherchons, vo-
lons promptement à son secours.....
J'écoute attentivement, un léger
bruit se fait entendre ; je cherche.
Tout-à-coup je reconnais un militaire assis au pied d'un chêne, et
paraissant exténué de fatigue.
-- Qu'avez-vous, mon camarade,
vous serait-il arrivé quelque malheur? puis-je vous être de quelque utilité? parlez, me voilà prêt à
vous obliger. -- Citoyen, je suis
sensible à vos offres, mais je vous
en remercie. Je ne suis point
malheureux, et si vous me voyez
les larmes aux yeux, c'est la joie
qui les cause. -- A ces mots je m'as-
sieds auprès de lui pour l'écouter.
Il continua ainsi : Peignez-vous
mon bonheur, je vais revoir mes

chers parens. Il y a cinq ans que je
les ai quittés pour voler à la défense
de la Patrie; je vais revoir une
épouse adorée et mon petit *Hip-
polyte*. Je rentre dans mes foyers
avec ma part des lauriers de la vic-
toire, je m'en glorifierai toute ma
vie, et ce sera le plus bel héritage
de mon fils. J'ai été du nombre des
vainqueurs de Toulon, de Rose,
de Collioure, d'Arcole et de Cla-
genfurt, où, comme vous voyez,
j'ai perdu la main gauche. Je pleure,
mais c'est d'attendrissement; j'ai
défendu ma Patrie, et je vais re-
paraître sous le toit qui m'a vu
naître. -- Brave militaire, je par-
tage votre joie, oui votre bonheur
est digne d'envie : hâtez-vous de
vous rendre aux embrassemens
d'une famille qui vous attend avec

impatience.. Adieu,. je vous quitte..
Là dessus nous nous serrâmes la
main ; et nous séparâmes.

Je pensai à vous , chers auteurs
de mes jours... Je te nommai, mon
tendre *Narcisse* , et toi aussi ma
jeune et belle *Hortense*..... Quand
vous reverrai je ?.... que ne puis-je
hâter cette heureuse époque !......
mais mon destin m'ordonne de
vivre momentanément éloigné de
vous. Croyez que pendant mon absence votre image sacrée ne me
quittera jamais !!....

Je continuai ma route, et me
trouvai enfin à Erménonville. On
y descend par une pente douce. En
y entrant , mon cœur tressaillit
d'une joie involontaire. Je remplis-
sais mes vœux ; j'étais prêt de voir
ce jardin si renommé, où la nature

a fait plus que l'art, et qui renferme
des objets chers à un ami de JEAN-
JACQUES.... Devant moi se présente
une auberge, je lève les yeux, je
vois l'enseigne de *Rousseau*... En-
trons là, me dis-je, on doit y être
bien : en effet l'aubergiste me reçut
avec une politesse franche et cor-
diale. Cet homme conserve religieusement les sabots et la tabatière
de J. J., il me les fit voir. Ils portent le
cachet de la plus grande simplicité.
J'y lus une foule de noms Français,
Italiens, Suisses, Allemands, Anglais, Suédois et sur-tout de Polonais;
je voulus y joindre le mien : c'était
un bonheur pour moi que de m'inscrire sur ce registre sentimental.
L'ame sensible croit fixer le tems,
et perpétuer ses jouissances en gra-
vant sur un monument quelconque

son nom, ou celui de celle qu'il aime.... douce illusion !! .... Je vis donc la tabatière de Rousseau, et je m'écriai avec le malheureux Anacharsis Clootz (e): « mes « doigts ont touché cette boîte, mon « cœur en a tressailli, et mon ame « en est devenue plus pure..... (f).

Après un léger repas, je demandai ma chambre, et tandis que la lune achevait paisiblement sa course mystérieuse ; que la fraîcheur de la nuit récréait le sein de la terre, je me livrai aux douceurs du sommeil, dont on ne sent vraiment le prix qu'après la fatigue.

_____

(e) Voyez les notes rejetées à la fin, N.º 1.

(f) Ces précieux restes de l'auteur d'É-mile ont été donnés par sa veuve à *Antoine Maurice*, oncle de l'aubergiste actuel, de qui il les a hérités.

## DEUXIÈME PROMENADE.

*Les sensations de la mélancolie*, dit le célèbre auteur des Etudes de la Nature, *sont les affections de l'ame les plus voluptueuses......* Le sentiment de la reconnaissance qu'elles réveillent en moi, me porte naturellement à vénérer la dernière demeure de l'homme. C'est aux poésies d'YOUNG et de SALOMON GESNER que je dois le goût de la méditation. L'aspect, la simplicité touchante et énergique d'un tombeau me pénètrent l'ame. Il me parle de l'innocence de l'enfant, de l'amour de deux jeunes amans,

de la fidélité d'un époux et de la
tendresse d'une mère...... Il me
rappelle cet heureux tems où

*Tout l'univers était champêtre,*
*Tous les hommes étaient bergers ;*
*Les noms de sujets et de maître*
*Leur étaient encor étrangers* (g).

C'est donc au sein de la campagne,
auprès de la Nature, que l'on re-
cueille la vertu : c'est parmi les
tombeaux que l'on devient sensible : c'est auprès d'eux, comme
dans le temple consacré à la Divinité, que la piété nous inspire l'a-
mour du bien et l'horreur du mal.

Bientôt l'aurore sourit à la terre
étonnée, elle répandit sur les végétaux une rosée céleste; toutes les

***

(g) Strophe extraite du *Siècle Pastoral*,
poëme.

fleurs s'épanouirent pour la recevoir. J'entendis le chant joyeux
de la matineuse allouette qui saluait le jour naissant. Je sortis
précipitamment pour assister au
lever brillant du soleil, emblème
le plus vrai et le plus sensible
de la Divinité pour l'homme que
n'ont point égaré les faux dogmes
et la superstition.

Tout annonce l'approche de l'astre majestueux, père de la fécondité. Mille concerts aériens se font
entendre;... le ciel présente un
vaste tableau où se découvre toute
la magie du clair-obscur;.. la lumière gagne par degrés;.. bientôt
l'Orient est tout en feu;... on voit
alors s'agrandir ces rézeaux d'or et
d'azur; se dérouler ces zones nuan-
cées de mille couleurs, s'élancer

ces flammes jaillissantes qui consument entièrement le voile funèbre de la nuit. L'astre vainqueur se montre tout entier sur l'horizon ;... toute la nature prosternée adore le père de la vie et de la lumière ; les fleurs ouvrent voluptueusement leur corolle brillante, qui répand dans les airs mille parfums délicieux. La campagne reçoit dans son sein le germe de la fécondité, elle offre aux yeux les sites les plus rians, les scènes les plus variées et les plus pittoresques (h).

---

(h) Je cède au plaisir de rapporter ici le beau passage de l'*Emile* (Liv. III), sur le lever du soleil : « On le voit s'annoncer de « loin par les traits de feu qu'il lance au- « devant de lui. L'incendie augmente, l'o- « rient paraît tout en flammes. A leur éclat, « on attend l'astre long-tems avant qu'il se « montre : à chaque instant on croit le voir « paraître ; on le voit enfin. Un point

J'admirais ainsi le lever du soleil,
lorsque tout-à-coup un cri aigu

---

« brillant part comme un éclair, et remplit
« aussitôt tout l'espace : le voile des ténèbres
« s'efface et tombe. L'homme reconnaît son
« séjour et le trouve embelli. La verdure a
« pris durant la nuit une vigueur nouvelle ;
« le jour naissant qui l'éclaire, les premiers
« rayons qui la dorent, la montrent couverte
« d'un brillant rézeau de rosée qui réflé-
« chit à l'œil la lumière et les couleurs. Les
« oiseaux en chœur se réunissent, et saluent
« de concert le père de la vie ; en ce moment
« pas un seul ne se tait. Leur gazouillement,
« faible encore, est plus lent et plus doux
« que dans le reste de la journée, il se sent
« de la langueur d'un paisible réveil. Le
« concours de tous ces objets porte aux
« sens une impression de fraîcheur qui
« semble pénétrer jusqu'à l'ame. Il y a là une
« demi-heure d'enchantement auquel nul
« homme ne résiste : un spectacle si grand,
« si beau, si délicieux n'en laisse aucun de
« sang froid. » Quelle richesse dans les
expressions ! quelle simplicité touchante !
quelle peinture plus vraie ! .. ô J.J. II.,.,

et douloureux frappe mon oreille;
je regarde de tous côtés, et j'a-
perçois le vorace épervier qui égorgeait de sang froid les petits de la
fauvette. La malheureuse mère
mourait de douleur et d'effroi sur
une branche voisine du cruel ra-
visseur; celui-ci, sans l'écouter, dé-
vorait sa victime. Image trop frap-
pante de la conduite de l'homme
riche et puissant envers le faible
et le pauvre.

Je rentrai dans le village par le
chemin du *Plessis-Belleville*, pour
prendre un léger repas. Avant de
monter le pont que l'on voit pour
arriver près du château, je remarquai à ma gauche une fontaine
basse, construite à la manière antique; l'eau qu'elle fournit est limpide, et présente une boisson saine.

Près

Près d'elle est un pilastre où je lus
cette inscription :

> Le jardin, le bon ton, l'usage
> Peut être anglais, français, chinois;
> Mais les eaux, les prés et les bois,
> La nature et le paysage
> Sont de tous tems, de tous pays:
> C'est pourquoi dans ce lieu sauvage
> Tous les hommes seront amis,
> Et tous les langages admis.

Et plus bas, l'inscription suivante :

> Ici commence la carrière
> D'un doux et champêtre loisir.
> Chacun, au gré de son plaisir,
> A chaque borne miliaire,
> Peut poursuivre, ou bien s'arrêter.
> Dans la carrière de la vie,
> Par le sort ou la fantaisie
> Chacun se sent précipiter;
> Mais pour ne jamais culbuter
> Dans l'abyme de la misère,
> Le seul moyen c'est de bien faire,
> Ou bien de savoir s'arrêter.

D

Le petit village d'Erménonville est situé au milieu de prairies fertiles, de vergers riches et spacieux, arrosés par des ruisseaux limpides, dont les eaux serpentent de tous côtés. L'air y est pur, la tranquillité y règne, les habitans sont bons et paisibles ; de vastes bois l'environnent, et des montagnes l'abritent du vent glacé du nord..... Tel est en abrégé l'aimable position de ce séjour de paix et de bonheur.... Tout semble y avoir été disposé pour porter l'homme à la méditation, et pour y recevoir le grand homme, que dans toutes les parties de l'Europe l'on ne cesse d'admirer, et dont le nom n'est prononcé, par les citoyens, qu'avec respect, reconnaissance et attendrissement.

A mesure que l'on avance dans ce pays enchanté, à mesure que l'œil en détaille toutes les beautés, le cœur éprouve mille jouissances inattendues , effet naturel do la surprise et de la variété des tableaux!.. Qu'il est doux de s'égarer dans ce dédalo de sensibilité et de touchans souvenirs!.. Séjour charmant! lieu de délices ! si jo puis un jour maîtriser ma destinée, je veux aller passer sous votre ombrage mes dernières années.....
Puissent mes vœux être exaucés!..
Puissé-jo être plus heureux que le poëte MARTIAL, qui ne put terminer sa carrière sur le beau rivage d'Actium, près d'Aquilée, lieu qui faisait l'objet de tous ses desirs!..

Je promenai mes regards sur le paysage qui s'étend devant le

D *2

château ; j'en contemplai la richesse, et m'avançai vers la forêt, occupé de la nouveauté du spectacle qui s'offrait à moi.

Je vis d'abord la prairie nommée *Arcadienne* ; j'y remarquai (à l'entrée) cette inscription qu'on a placée sur un poteau très-élevé :

« Ce n'est pas raison que l'art
« gagne le point d'honneur sur notre
« grande et puissante mère (la Na-
« ture) : nous avons tant rechargé
» la beauté intrinsèque et la richesse
« de ses ouvrages par nos inventions,
« que nous l'avons du tout étouffée ;
« si est-ce que par-tout où sa pureté
« reluit, elle fait une merveilleuse
« honte à nos vaines et frivoles en-
« treprises. »

MICHEL MONTAIGNE. (1775.)

De l'autre côté de ce poteau sont écrits les vers suivans :

« Disparaissez, lieux superbes,
« Où tout est victime de l'art,
« Où le sable, au lieu des herbes,
« Attriste partout le regard.
« Ici l'aimable Nature,
« Dans sa douce simplicité,
« Est la touchante peinture
« D'une tranquille liberté.... »

Au bas de la plaine, sur le chemin qui conduit au tombeau de J. J. ROUSSEAU, on voit un ruisseau qui roule son onde argentée sur un lit de cailloux et de rochers; pressées entre deux rives verdoyantes, ses eaux vont se perdre dans un petit étang, image sensible de la course rapide de nos jours, qui vont se précipiter dans l'immense océan de l'éternité.

A-peu-près vers le milieu de ce
ruisseau, dans l'endroit où l'oreille
est agréablement flattée par son
doux murmure, on lit sur un petit
autel ce charmant quatrain :

«Coule gentil ruisseau, sous cet épais feuillage:
«Ton bruit charme les sens ; il attendrit le cœur.
«Coule, gentil ruisseau; car ton souffle est l'image
«D'un beau jour écoulé dans le sein du bonheur.»

Plus loin, sous un dôme de verdure, est un autel construit à la
grecque, à hauteur d'appui, et
couvert de mousse; sur un des côtés,
je lus ces mots : *Autel à la Rêverie ;*
de l'autre, cette pensée italienne:

「 « Questo riposto seggio, ombroso
« e fosco è per gli Poeti , gli Amanti,
« e i Filosofi. »

( Ce lieu de repos, où l'ombre se
marie à la tendre verdure, est destiné
aux Poëtes, aux Amans et aux Philosophes. )

A quelques pas de là est un tertre peu élevé, d'où l'œil s'étend dans la plaine voisine. Bientôt je vois le beau chêne dont on m'avait déjà parlé ; son port majestueux fixa mes regards. A son aspect je m'écriai : arbre doublement cher à mon cœur, monument respectable de la droiture du vieillard *Palémon,* dont la longue carrière ne fut que printems, innocence , bonté, vertu et bonheur ! j'aime ton ombrage sacré. Rameaux bienfaisans , vous me rappelez le sublime et naïf GESNER;.... son souvenir vient caresser ma pensée ; il me plaît autant que le retour de l'agréable saison des fleurs , que la tendre rosée du matin , autant que la rose fraîchement éclose, et qu'un baiser reçu de la beauté que j'adore.... Bel arbre, tu seras dans tous les tems le triomphe de la bien-faisance !... Mais, mon cœur est agité...Ah! mes yeux, laissez couler des pleurs,... *Mirta* n'est plus !... elle repose sous cette tombe de verdure..... Coulez encor mes larmes, *Palémon* n'est plus! il mourut en pressant ses enfans dans ses bras !....

Je jetai de nouveau les yeux sur cet arbre chéri, où je lus cette inscription simple et mélancolique; elle est en style lapidaire.

« Palémon fut un homme droit,
« Il a planté ce chêne.
« Que ce bel arbre soit à jamais consacré
« A la droiture et à la probité !
« Que la foudre et les méchans s'en écartent !..

Vis-à-vis on voit un obélisque bâti en briques. Il est dédié à la Muse pastorale. Sur la première face,

qui

qui est consacrée à THÉOCRITE, on lit ces mots grecs :

« Θεοκριτω Απολλωνι φιλω μεσσα τηδης σον
« Τησι Δ αδαι αιξατο βυκολικαι. »

(La divine Erato a donné à THÉO-
CRITE, ami d'Apollon et des Muses, ce
recueil de poésies champêtres,.... *Ses
belles Idylles.*)

La seconde face portait une inscription en l'honneur de THOMSON,
poëte anglais, du XVII.ᵉ siècle;
mais elle a été effacée depuis la révolution, sans doute par la main
de quelques Vandales (i).

---

(i) Un ami qui l'a conservée, m'en a donné
copie, la voici:

« Tho JAMES THOMSON,
« Like the circling sun his warm genius;

E

Sur la troisième face de l'obélisque, on lit celle-ci :

Genio P. VIRGILII MARONIS lapis
iste cum luco sacer esto.

( Ce monument et ce bocage sont consacrés au génie de VIRGILE. )

La quatrième face est consacrée au sensible GESNER ; on y lit cette dernière inscription , qui caractérise si bien l'auteur du poëme d'*Abel :*

Dem SALOMON GESNER,
erhat gemahlet was ergesagt hat.

( A SALOMON GESNER , il a peint tout ce qu'il a écrit. )

---

« Coloured and vivified every season ofthe y
« ear. »

( A JACQUES THOMSON, qui , semblable au soleil , fit sentir la chaleur de son génie, en donnant des couleurs à la vie et à toutes les saisons de l'année. )

On voit près de l'obélisque une pierre dont l'inscription est effacée; elle est au pied de deux beaux arbres qui entrelacent amoureusement leurs branches, et qui portent cette devise : *Omnia junxit amor.* (L'amour unit tout.)

J'approchais insensiblement de l'isle des Peupliers , où se trouve la tombe de J. J., et je sentais mon ame saisie d'un saint respect; je voyais devant moi cet auguste sanctuaire , et j'éprouvais cette crainte salutaire, ce profond recueillement dont une ame religieuse est pénétrée à l'approche du temple de la Divinité. Je me rassurai, et je sentis bientôt naître en moi ce sentiment si naturel qu'inspire à son enfant une bonne mère qui lui sourit en lui tendant les

E 2

bras... Je franchis précipitamment l'espace... Je ne fus point le maître du transport qui m'agitait, et des larmes s'échappèrent de mes yeux... Terre heureuse! m'écriai-je en me jetant à genoux, je te salue;... je te salue, ô tombe sacrée, trophée respectable de l'amitié, gloire de la vertu, consolation de l'humanité! je te salue... La reconnaissance, première vertu de la société, reçut, par mes pleurs, le tribut que tout homme doit à l'immortel auteur du *Contrat social.....*. Une douce rêverie s'empara de moi; je devins sombre et mélancolique ; mille idées confuses m'obsédèrent...... Un sentiment que je ne peux aussi bien exprimer que je l'éprouvai, une dévotion ardente, un attendrissement inexprimable, furent

maîtres de moi. Je pleurai encore,
et je fus soulagé..... Agité tour-
à-tour par de cruels souvenirs,
enfans du malheur passé, par les
orages du présent, et par les idées
tristes d'un avenir incertain, je
m'écriai : O mes semblables ! nous
naissons tous au milieu des tourmens ! nous parcourons notre pénible carrière au milieu des an-
goisses et des dangers, et souvent,
sans avoir participé à tous les bienfaits de la Divinité, sans avoir joui
des faveurs passagères de la Fortune, nous descendons les froides
marches du tombeau, la mort nous
enveloppe de son crêpe funèbre.....
Que dis-je ? l'homme ne meurt
point tout entier; l'ame vertueuse
est immortelle, elle vole au sein
de la Divinité; l'amitié lui consacre

E 3

un autel, et le souvenir de l'homme
juste est la leçon des êtres qui viennent après lui.... Mais qu'il est
douloureux de se voir séparé d'un
ami fidèle, d'un père tendre, d'une
maîtresse sage!... Hélas!.. tel est
le sort des mortels, nul ne peut
éviter le coup fatal et inattendu.
« Il faut, dès que la mort com-
« mande, quitter le sol qui nous a
« vu naître, abandonner sa maison
« chérie, délaisser une épouse qui
« faisait notre bonheur ; alors, de
« tous les arbres que nous culti-
« vons, il n'y a que le sombre et
« mélancolique cyprès qui nous ac-
« compagne...... » (j).

---

(j) Imitation de cette belle pensée
d'Horace; *Liv. II*, *Ode XI.*
  « Linquinda tellus, et domus, et placens
  « Uxor : neque harum, quas colis, arborum
  « Te, præter invisas cupressos
  « Ulla brevem dominum sequetur. »

O mort inexorable!... réponds,...
pourquoi ta faux cruelle mois-

---

L'auteur du *Poëme des Mois* a traduit
cette ode; il y a conservé la rapidité et l'é-
légance du poëte latin. On ne peut la lire
sans y remarquer cette harmonie touchante,
cette simplicité religieuse, ce sentiment
mélancolique qui règnent dans tous les écrits
de ROUCHER... Illustre et cher ROUCHER!...
prononcer ton nom, c'est désigner tout ce
que l'humanité a de plus précieux; c'est
rappeler tes vertus, ta fin malheureuse, ton
aimable fille, ton petit *Émile*, ton épouse
chérie, ton respect et ton amitié pour JEAN-
JACQUES..... Ames sensibles, unissez-vous
à moi,.... donnons des larmes à son souvenir, et jetons une fleur sur sa tombe.... Il
fut bon père, ami solide, époux fidèle,
poëte aimable et tendre, citoyen intègre,
soumis aux lois, et digne de son pays;....
Il fut vertueux, équitable, l'effroi du crime,
l'espoir et la ressource des infortunés....
Que faut-il de plus pour laisser des regrets
poignans?...Que faut-il de plus pour être
immortel?.......

E 4

sonne-t-elle sans pitié l'innocence,
le jeune âge et la vertu, tandis
qu'elle épargne tant de criminels
qui déshonorent l'univers ?... Pourquoi ôtes-tu l'existence à cette
mère tendre, qui a oublié les dou-
leurs d'un enfantement laborieux,
pour se livrer, avec délices, aux
charmes de l'allaitement, et qui
n'a d'autre pensée que le bonheur de
son fils ?.. Pourquoi, mort cruelle,
enlèves-tu à cette famille un chef
vertueux ?... Pourquoi arracher
du lit nuptial cette jeune et sage
épouse, et laisser au sein de l'a-
bondance et des plaisirs ces pères
barbares, ces épouses adultères,
ces maris infidèles ?.... Pourquoi
arracher des bras de sa bonne maman cette jeune fille, son amie,
l'espérance de sa vieillesse, son

unique consolation?... Pourquoi
séparer impitoyablement le frère
de la sœur?.. Pourquoi éteindre
ce génie extraordinaire, qui était
né pour le bonheur de l'humanité
et les progrès de la raison?.... Je
serais tenté de te citer, de t'ac-
cuser; mais, grand Dieu! à quel
tribunal, et devant quels juges?...

J'étais livré à ces tristes réflexions, quand un vénérable vieillard se présenta à moi. Il avait un
air majestueux, la sérénité brillait
sur son visage; ses cheveux blancs,
sa taille au-dessus de la moyenne,
sa démarche noble, malgré son
grand âge, la douceur de son main-
tien, tout dans lui m'intéressa. Je
quittai le banc de gazon sur lequel
j'étais assis, pour aller lui adresser
la parole, lorsqu'il se jeta à mon

cou , et m'embrassa, les yeux hu-
mides de larmes. «Et toi aussi,
« mon fils, me dit-il d'un ton pé-
« nétré, tu es l'ami de J. J. Tu
« viens visiter cette tombe auguste
« où reposait tout ce que cet écri-
« vain inimitable avait de mortel.
« Hélas ! cet asyle de la paix et de
« la vérité a été plusieurs fois pro-
« fané : quelques tems après sa
« mort, une horde de fanatiques
« insulta à ses précieux restes...
« Tu le vois, ô mon fils, rien n'est
« sacré pour les méchans, le som-
« meil éternel n'arrête pas leurs
« mains sacrilèges ; mais leurs cri-
« minels efforts se sont brisés contre
« le rocher de l'amitié. » Ici le
vieillard pleura amérement ; je le
vis oppressé, comme s'il avait eu
un secret qui lui pesât, et qu'il

brûlait de me révéler. «Ah! mon fils,
« me dit-il avec un long soupir, que
« de fautes on a laissé commettre,
« et qu'il est douloureux pour
« des Français purs et vertueux,
« d'avoir vu souiller par le crime
« une révolution à laquelle, comme
« à l'arche d'alliance, l'homme juste
« seul devait toucher!.. Tu le vois
« comme moi, un décret surpris à
« la Convention nationale, par un
« faux zèle, par des hommes pré-
« tendus philosophes, et qui n'é-
« taient patriotes que de nom,
« permit d'arracher J. J. de l'asyle
« sacré qu'il avait choisi lui-même,
« et que lui avait consacré l'amitié
« du généreux GIRARDIN, à qui
« appartient cette terre où nous
« marchons. (k) Les précieuses

(k) Il l'avait bien prévu lui-même. Lisons

« cendres de notre ami furent trans-
« férées au *Panthéon* (*l*), et Er-

---

les *Rêveries du Promeneur Solitaire*, et
écoutons-le, après s'être plaint de la haine
et de l'acharnement de ses ennemis, dire :
« O ! combien j'étais dans l'erreur de compter
« sur le retour du public, même dans un
« autre âge, puisqu'il est conduit, dans ce
« qui me regarde, par des guidés qui se re-
« nouvellent sans cesse dans les corps qui
« m'ont pris en aversion. Les particuliers
« meurent; mais les corps collectifs ne meurent
« point. Les mêmes passions s'y perpétuent ;
« et leur haine ardente, immortelle comme
« le démon qui l'inspire, a toujours la même
« activité. Quand tous mes ennemis *parti-
« culiers* seront morts, les médecins, les Ora-
« toriens vivront encore, et quand je n'aurais
« pour persécuteurs que ces deux corps-là, je
« dois être sûr qu'ils ne laisseront pas plus de
« paix à ma mémoire après ma mort, qu'ils
« n'en laissent à ma personne de mon vivant. »
( *Pages* 11 *et* 12 *de sa première Promenade,*
*édition de Genève* 1782.)

(*l*) Voyez les notes rejetées à la fin de cet
écrit, N.º II.

« ménonville gémit depuis ce tems
« de la privation de son plus bel
« ornement. Pour moi, j'en res-
« sentis une douleur si amère, que
« je voulus dénoncer cet attentat à
« l'univers entier, en traçant sur
« sa tombe ces mots plaintifs : *Ils*
« *ont violé mes mânes, en m'ar-*
« *rachant à mon dernier asyle.*»

Le vieillard cessait de parler,
quand mes yeux furent frappés
d'une inscription analogue au sujet
qui nous occupait. Elle était écrite
au crayon, justement au-dessous de
celle que je viens de citer; elle
semble vouloir excuser la violation
qui a été commise;.... mais qui
peut l'excuser?....

α Tombe respectable et sacrée,
αDe l'ami des humains paisible monument:
αSa cendre, en ce lieu révérée,
αFaisait ton plus bel ornement.

«Cette cendre aux Français, hélas! abandonnée,
    « Dans ton sein ne repose plus!
«Daigne leur pardonner. Ah! s'ils t'ont profanée,
«C'est qu'ils voulaient d'un sage honorer les vertus.

(*J. C. Grancher.*)

Le sarcophage dans lequel reposait ROUSSEAU, est d'une forme
antique. Il est de pierre de liais, et
construit avec une noble simplicité.
Il suffit de dire, pour en faire le
plus bel éloge, qu'il est de *Lesueur*.
La face qui regarde le sud, est ornée
d'un bas-relief allégorique, re-
présentant une mère qui allaite
son fils, et qui tient d'une main
le livre de l'*Emile*. Près d'elle est
un groupe d'enfans occupés à
jouer; les uns portent un bonnet
au bout d'une pique, en signe de
liberté; d'autres brûlent sur l'autel
de la nature des corps de baleine,

des bandes à maillot, et toutes les
inventions barbares usitées au
tems de l'esclavage et de l'igno-
rance. On voit aussi aux deux
côtés de ce bas-relief les attributs
de la musique et de l'amour. La
couronne civique du fronton présente la devise chérie de J. J. : *Vitam
impendere vero.* (Consacrer sa vie
à la recherche de la vérité.)

Sur l'autre côté du monument
on lit ces mots : *Ici reposa l'homme
de la nature et de la vérité.*

« C'est ici, sur cette tombe même,
« me dit mon vénérable guide,
« qu'une mère aimée et regret-
« table suspendit, à la manière des
« jeunes Grecques, des guirlandes
« de fleurs et de fruits, et qu'elle
« écrivit de sa propre main ce
« peu de mots expressifs, qui font

« honneur à ses sentimens : *A Jean-*
« *Jacques Rousseau, Marie Joly,*
« *épouse et mère.* Mais le tems,
« qui détruit tout, a entièrement
« effacé cet hommage rendu à la
« vertu par un cœur sensible. (*m*) »

Je voulus examiner en détail
cette tombe, dont je ne pouvais
plus me séparer. On l'a posée sur
un lit de la plus belle verdure. Elle
est entourée de très-beaux peupliers d'Italie, dont la tige droite
et le feuillage tranquille semblent
fixer dans cette enceinte la méditation et le recueillement. Plus
loin, sont des cyprès et des jeunes
arbrisseaux qui forment un ombrage lugubre que les rayons du

---

(*m*) Voyez la note N.º III sur cette inté-
ressante personne.

                                      soleil

soleil ne peuvent pénétrer. On ne, trouve là aucune trace de ce fastueux orgueil qu'affectent encore aux yeux du voyageur ces énormes pyramides, élevées sur les bords fertiles du Nil, pour éterniser la mémoire des oppresseurs de l'humanité. Ici tout est simple, on y reconnaît la main de la touchante Amitié, qui seule a fait les frais de ce beau monument.

Nous quittâmes l'isle des Peupliers (n) pour aller voir celle des *Boursaudes*, qui est très-voisine, et située en face du tombeau de J. J. Elle est beaucoup plus spacieuse et moins fréquentée; elle est couverte d'arbres, et renferme la dépouille

---

(n) Sa forme est oblongue; elle a environ trente-huit mètres (vingt toises) de long, sur quinze (huit) de large.

F

d'un peintre célèbre. La pierre sé-
pulcrale est renversée, et porte
cette inscription allemande : ·

« Hier liegt George Fréderich
« Mayar, aus Strasburg gebürtig,
« er war ein geschickter maler
« und ein redlicher mann. » ( Ici
repose GEORGES FRÉDÉRIC MAYAR,
natif de Strasbourg, qui fut bon
peintre d'histoire, et un très-hon-
nête homme. )

Nous nous avançâmes ensuite
vers un bouquet d'arbres qui forme
un berceau de verdure propre à la
rêverie ; on y avait placé plusieurs
bancs. « Là, me dit le vieillard,

« Le bon JEAN-JACQUES, sur ces bancs
« Venait contempler la Nature,
« Donnait à ses oiseaux pâture,
« Et jouer avec nos enfans. »

« Tu vois ici , ajouta-t-il , *le*
« *banc des mères de famille.* » Je
m'en approchai avec respect, et
voulus m'y asseoir. Ce banc porte
un dossier ; il est ombragé par un
dais de feuillage. L'isle des Peupliers est en face, et du lieu où
j'étais , je découvrais entiérement
le tombeau : ainsi , les mères de
famille qui viennent s'y reposer,
ont toujours devant les yeux celui
qui leur a donné la meilleure leçon
sur les devoirs sacrés de la maternité. Je me sentais bien sur ce banc,
mon cœur se délectait ; j'éprouvais
un contentement , un bien-être
inexprimables. Il me rappelait tout
ce que ROUSSEAU écrivit sur le devoir des mères. Je gémissais de
l'aveuglement de ces femmes qui
foulent aux pieds l'obligation sacrée

de l'allaitement, mais je me con-
solais en pensant à toutes celles
qui sont fidelles à la remplir. Je me
rappelais le nom de la fille de
SCIPION l'*Africain*, son amour
maternel, le soin assidu qu'elle
prit à l'éducation de ses enfans,
sa fidélité pour la mémoire d'un
époux adoré, la pureté de ses mœurs,
la simplicité de ses habits, et sur-
tout sa belle réponse au reproche
qu'on lui faisait sur son peu d'a-
mour pour le luxe: *Croyez-vous,*
disait-elle, *que j'aie besoin d'ajus-*
*temens?... voilà mes enfans, ils*
*sont mon ornement et ma parure...*
Mères de familles, retenez ces
paroles immortelles, remplissez
vos devoirs avec le même scrupule,
et vos noms seront placés près de
celui de CORNÉLIE.

En examinant le dossier du banc
où j'étais, je lus ces vers en l'honneur de J. J.

« De la mère à l'enfant il rendit la tendresse ;
« De l'enfant à la mère il rendit les caresses :
« De l'homme à sa naissance il fut le bienfaiteur.
« Il le rendit plus libre, afin qu'il fût meilleur. »

Au-dessus de ce quatrain je vis
le nom de LOUISE PORPHIRE...
C'est sans doute le nom d'une amie
de ROUSSEAU , car quelle autre
eût osé inscrire son nom sur le
banc consacré aux véritables mères?
« Je viens tous les jours m'as-
« seoir ici, me dit le bon vieillard,
« ce banc nourrit ma mélancolie,
« et chaque fois que je m'y repose,
« je sens mon cœur serré. » Pourquoi lui demandai-je?.. Un soupir
fut sa première réponse, la tristesse

obscurcît ses traits, quelques san-
glots lui échappèrent, des mots
entrecoupés sortîrent de sa bouche,
il se pencha vers moi, puis s'écria
douloureusement : « Hélas ! je me
« trompe;..... pourquoi tant de
« vains desirs, tant de souhaits inu-
« tiles;... non, jamais je ne re-
« verrai ses beaux yeux me fixer
« tendrement;..... je n'entendrai
« plus le son de sa douce voix, qui
« connaissait si bien le chemin de
« mon cœur; mes oreilles ne se-
« ront plus frappées de ce mot tou-
« chant qui faisait mon bonheur:
« *mon père*, il le prononçait avec
« tant d'ame !.. O ! mon cher *Au-*
« *guste*, fils respectueux et adoré,
« tu n'es plus, et je vis encore !....
« cette idée m'accable;..... la vie
« n'est plus pour moi qu'un fardeau,

« depuis l'instant fatal qui nous a
« séparés pour toujours.... Il était
« mon unique espoir, la seule con-
« solation de ma vieillesse :.... ah !
« mes larmes ne tariront que lors-
« que je reposerai paisiblement au-
« près de ses restes inanimés !....»

Il pleurait; son sort me toucha
vivement : les larmes de la vieillesse ont toujours fait sur moi une
profonde impression. Je conçois
aisément qu'un jeune homme, entraîné par la fougue des passions,
commette des fautes, et qu'il les
expie ensuite par un remords sincère, par ses larmes ; mais le vieillard, qui doit avoir épuisé la coupe
de l'amertume, est-il donc encore
destiné à arroser de ses pleurs la
tombe où il est prêt de descendre ?..
--Je le consolai de mon mieux.

J'aurais donné ma vie pour lui
rendre le fils qu'il regrettait si vivement. Je mêlai de douces larmes
à celles de ce malheureux père ; il
parut sensible à l'intérêt que je
prenais à sa perte. Je l'encourageai
à supporter avec fermeté une si
cruelle privation : résignons-nous,
lui dis-je , gardons le souvenir de
tout ce qui nous fut cher ; mais
vivons pour nos amis, et goûtons
encore auprès d'eux le bonheur.

« Des amis !... reprit-il , hélas!
« dans ce moment où toute la
« nature renaît, où tous les êtres
« se réveillent pleins de joie, je
« sens plus vivement le poids de
« mon infortune. Je vois sans émo-
« tion le jour succéder à la nuit, le
« soleil darder ses rayons bienfai-
« sans sur les champs , couverts
d'abondantes

Tu parles d'amis, il ne m'en reste qu'un,
tu le vois c'est médor.

Chaillou.                                        Maraige.

« d'abondantes moissons.. En vain
« pour moi la vigne courbera sous
« le poids de ses grappes vermeilles ;
« en vain les coteaux se parent de
« verdure ; la coupe du bonheur
« s'est brisée pour moi , le plaisir
« m'est étranger , le dégoût suit
« par-tout mes pas.... J'ai perdu
« mon ami, mon soutien , ma plus
« tendre consolation ;... je ne dé-
« sire plus que la mort.... Tu me
« parles d'amis , il ne m'en reste
« qu'un ; tu le vois près de moi,
« c'est *Médor.* » Il me montra son
chien. Étrange destinée, me dis-je
à moi-même, d'être réduit, sur le
déclin de ses années, à se contenter
de la compagnie d'un animal !...
« Il me suit par-tout, continua le
« vieillard, il me défend et veille
« pour moi. Comment ne l'aime-

G

« rais-je pas ?.. il aimait mon fils;
« il le cherche encore par-tout,
« et revient ensuite à moi, comme
« pour me le redemander. »

Nous quittâmes notre banc, et
chemin faisant, mon guide prenait
plaisir à me rapporter la moindre
circonstance de la vie de son fils;
ce récit adoucissait sa peine :

*A raconter ses maux souvent on les soulage.*

Parmi les belles actions que me
raconta ce bon vieillard , celle qui
causa la mort de son tendre fils me
frappa... Je me la rappellerai toute
ma vie;... je crois devoir la rapporter ici , et l'offrir à tous mes
contemporains comme un modèle
à imiter.

« Un affreux incendie, me dit-il,
consuma une partie du village où
nous résidions alors. Les habitans

étaient pauvres. Le feu faisait des progrès rapides; il allait gagner la maison d'une respectable femme, âgée de quatre-vingts ans, lorsque mon fils, oubliant tout danger, vole à son secours. Il la prend sur ses épaules, et, fier de ce fardeau honorable, il poursuit son chemin au milieu du feu et des applaudissemens de toute la foule étonnée. Le feu continuait ses ravages; déjà la maison est investie, on crie : *au secours, au secours.* C'est le cri d'une femme. On délibérait encore sur les moyens de la sauver, lorsque mon fils retourne au poste où l'humanité l'appelle, et ramène saine et sauve cette jeune et tendre mère. Mais celle-ci se lamente, elle demande son enfant... *Où est-il?...* lui demande Auguste. « Je venais

G 2

de l'endormir, quand.....» *Où est il?*.. Elle lui indique exactement le lieu. *Cela suffit*, dit-il; alors sans balancer, il court et s'élance précipitamment au milieu des flammes. Il atteint le berceau du petit infortuné, il le prend et le presse tendrement contre son cœur. Il gagnait l'escalier, mais, hélas! il était réduit en cendres... Le vent souffle avec violence; l'incendie augmente de toutes parts; toutes les poutres s'embrasent; le toit est en feu, et plusieurs pignons déjà tombés au milieu des cendres, annoncent un écroulement prochain... Les larmes de la douleur succèdent à celles de l'attendrissement; les cris aigus succèdent aux applaudissemens.... On appelle mon fils;.. on le cherche; ...

vains efforts !.... cependant il répond... Il paraît à une fenêtre au
milieu des flammes et d'une épaisse
fumée ; il tient le berceau de l'enfant dans ses bras ;... il réclame
un prompt secours ;... on essaye ;...
les échelles se dressent ;.. le mur
d'appui s'écroule ;.... la foule se
jette sur les échelles , tout est mis
en œuvre ; mon fils allait être sauvé.
Le moment funeste s'annonce , le
désordre devient affreux , des hurlemens remplissent les airs :... on
l'appelle de nouveau ;.... hélas ! il
ne répond plus !... Quelques-uns
de ses camarades escaladent, au
milieu d'un nuage de fumée, les
murs inattaqués ;... ils lui tendent
les bras ; lorsque le feu gagne toute
la maison , et entraîne la chûte du
plancher sur lequel il était :.....

Tous les secours sont inutiles, on
ne peut l'arracher à la mort cruelle
qui l'attend.... On se presse autour de moi, on plaint mon sort,
tandis que la jeune femme tombe
évanouie dans les bras de son père,
qui fond en larmes... -- Ce tableau terrible est encore devant
mes yeux ! je ne peux y songer
sans verser des larmes. »

En effet, je vis ce visage auguste
humecté des pleurs que lui arra-
chait un souvenir aussi déchirant.
-- C'est un bonheur, m'écriai-je,
de mourir pour secourir son semblable , le sort de votre fils est
digne d'envie !... je ne plains que
son malheureux père !

Nous arrivâmes dans un endroit
où la nature semble avoir réuni
tout ce qu'elle a de triste et de

sauvage. Elle y a multiplié les
bruyères, les rochers, les arbres
d'un vert pâle et mélancolique. De
leur enceinte s'élève une tombe
triangulaire. Je m'approchai, et je
lus, sur un des côtés, cette inscription qui me glaça d'effroi:

*« 4 juin 1791.*

« Hélas! pauvre inconnu, si tu tins de l'amour
« Une obscure naissance et ta noble figure,
« Devais-tu dans ces lieux outrager la nature
« Comme un autre *Werther*, en t'y privant du jour,

Je brûlais d'envie de connaître
à fond cette malheureuse histoire,
mais je n'osais interroger mon sage
conducteur. Il devina ma pensée,
et rompit le silence en ces mots:

« Là, me dit-il, sous cette simple
« tombe reposent les restes inani-
« més d'une victime de l'amour et

G 4

« du malheur. D'après tout ce que
« cet intéressant jeune homme a
« écrit, tout ce qu'il dit aux di-
« verses personnes qui l'ont ren-
« contré ; d'après le profond cha-
« grin qui était peint sur sa belle
« figure, sur-tout le goût passionné
« qu'il témoignait pour la solitude,
« les profonds soupirs qu'il laissait
« échapper à la vue de l'isle des
« Peupliers, et quand il entendait
« prononcer, ou qu'il prononçait
« lui même le nom de JEAN-
« JACQUES ROUSSEAU , tout
« enfin me donne à penser ( et je le
« crois fermement) qu'il était un
« des fils de ce grand homme. Tout
« le monde a donné des larmes à
« la mort de cet infortuné jeune
« homme. Il erra pendant quelque
« tems dans cette forêt ; il voulait

« et n'aspirait qu'à voir le sensible
« GIRARDIN, mais, hélas ! il était
« absent... Un amour malheureux,
« qui le tourmentait , le réduisit
« au désespoir ; il se donna la mort
« d'un coup de pistolet (o). On a su
« depuis qu'il était aimé, mais il l'i-
« gnorait !.... il existerait peut-être
« encore si la beauté, qui était l'objet
« de son adoration, eût paru sen-
« sible à son amour. -- Deux jours
« après son trépas , deux jeunes
« femmes , d'une figure intéres-
« sante, vinrent dans ce village ;
« elles se rendirent avec prompti-
« tude au lieu fatal que tu vois. Si-
« tôt qu'elles aperçurent le corps
« ensanglanté de ce malheureux

_____

(o) Voyez la lettre qu'il écrivit avant de
mourir ; N.º IV des notes.

« jeune homme, elles fondirent en
« larmes. La plus jeune paraissait
« plus vivement affectée ; elle
« baisa avec transport sa main
« morne et livide, tandis que sa
« sœur (car on le croit ainsi) prit
« des ciseaux, et coupa une por-
« tion de ses cheveux. Elles se re-
« tirèrent ensuite, sans avoir voulu
« se faire connaître, ni donner
« sur leur ami aucun renseigne-
« ment (p).

Pendant ce triste récit, mes yeux
étaient fixés sur la tombe, et je
déplorais le sort de cette victime de l'amour et peut-être des
préjugés. Avant de quitter ce lieu

(p) Ces faits sont historiques ; ils m'ont
été rapportés ainsi par plusieurs personnes.

funèbre, nous lûmes ces stances
tracées au crayon sur un des côtés
de la pierre funéraire :

A son malheureux sort
Combien, hélas! je porte envie.
Il est permis de désirer la mort
Quand la mort devient plus douce que la vie.

Aujourd'hui dans ces lieux
Je voudrais terminer ma vie,
Mais une voix me crie:
Il te reste un ami, tu n'es pas malheureux.

Amitié! tendre sœur de la mélancolie,
Oui, ton sein est mon univers.
Que ferais-je sans toi dans ce monde pervers?
La liberté n'est plus:....j'ai perdu mon amie.

Comme j'avais été singulièrement
frappé d'apprendre que ce jeune
homme était un fils de ROUSSEAU,
je ramenai la conversation sur ce

sujet. Croyez-vous, bon vieillard,
lui dis-je, que J. J. ait pu jamais
être un homme immoral, un époux
insensible, un père dénaturé?...
croyez-vous qu'en lui une humeur
sauvage, un cœur froid, un caractère dur aient pu l'engager à abandonner ses enfans?... « O mon fils!
« reprit-il vivement , quel blas-
« phème ta bouche ose-t-elle pro-
« noncer!..... Rappelle - toi que
« dans ses *Rêveries* , (IX.ᵉ Pro-
« menade) au commencement du
« VIII.ᵉ Livre de ses Confessions,
« vers le milieu du IX.ᵉ et au XII.ᵉ,
« il avoue , avec cette franchise
« qui lui était propre , la faute
« qu'il a commise envers ses enfans,
« *faute qui ne lui laissa pas tou-*
« *jours le cœur tranquille ;* plus
« loin il ajoute , qu'en méditant

« l'*Émile* , ce beau traité d'édu-
« cation, chef-d'œuvre de l'esprit
« humain, il soupirait souvent,
« sentant bien qu'il avait négligé
« des devoirs sacrés , dont rien ne
« pouvait, ni n'aurait dû le dis-
« penser : ses remords étaient vifs
« et poignans. Tu dois te rappeler
« de sa *lettre à la Postérité*, et sur-
« tout de ce passage d'une *lettre*
« qu'il écrivit *à madame de Chénon-*
« *ceaux :* « Mais moi, dit-il, moi, qui
« parle de famille et d'enfans!...
« madame , plaignez ceux qu'un
« sort de fer prive d'un pareil bon-
« heur; plaignez-les, s'ils ne sont que
« malheureux ; plaignez-les beau-
« coup plus s'ils sont coupables...
« Pour moi, jamais on ne me ver-
« ra, prévaricateur de la vérité,
« plier, dans mes égaremens, mes

« maximes à ma conduite : jamais
« on no me verra falsifier les saintes
« lois de la nature et du devoir,
« pour atténuer mes fautes ; j'aime
« mieux les expier que de les excu-
« ser. QUAND MA RAISON ME DIT
« QUE J'AI FAIT, DANS MA SITUA-
« TION, CE QUE J'AI DU FAIRE,
« JE L'EN CROIS MOINS QUE MON
« CŒUR QUI LA DÉMENT, etc. ».

« Examinons un peu, continua
« le vieillard, et voyons aussi s'il
« ne fut pas forcé à cette extrémité
« par les persécutions sans nombre
« qu'on dirigea continuellement
« contre lui, par la misère qui le
« poursuivait, par le malheur qui
« ne cessa d'appesantir sur lui son
« joug de fer. Que n'a-t-il pas eu à
« souffrir lors de l'impression du
« *Contrat Social* et de l'*Émile* ?...

« Poursuivi en France, banni de
« Genève, sa patrie; forcé de passer
« en Angleterre, où il ne put jouir
« de la tranquillité; ses écrits jetés
« aux flammes par les prêtres à
« Paris, en Hollande, à Berne, à
« Genève, à Neufchâtel; les pam-
« flets pleuvant sur lui de tous
« côtés, persécuté par-tout; objet
« de la scène indécente du fanatique
« *Thévenin*, à Bourgoin et à Mon-
« quin; abandonné de ceux-mêmes
« qui l'avaient engagé à imprimer
« ces deux ouvrages. Ajoutons en-
« core à ce tableau la haine immo-
« dérée de *Voltaire*, l'inimitié de
« d'*Alembert* et des Encyclopé-
« distes, la conduite infâme de
« l'anglais *David Hume*, les injures
« grossières du cynique *Diderot*;
« les procédés injustes de la plupart

« de ceux qui se disaient ses amis;
« et convenons que le malheureux
« J. J. a pu être réduit au déses-
« poir, et entraîné à commettre
« une faute, qu'il a expiée depuis
« par l'amertume de son repentir...
« N'est-il pas vrai, brave jeune
« homme, que les horreurs de
« cette poignée de factieux que
« soudoyaient nos ennemis exté-
« rieurs, et qui ont terni notre
« révolution ; que les fureurs de la
« réaction royale ont dû nous ap-
« prendre combien il est doulou-
« reux pour un vrai patriote, d'a-
« voir à soutenir une famille ?...
« Hélas ! nous avons connu par
« notre propre malheur, tout ce que
« peut souffrir le citoyen vertueux,
« en butte à la vengeance impla-
« cable de ses cruels ennemis. Oui,
                              « je

« je le soutiendrai toujours, Rous-
« SEAU a aimé ses enfans ; lors-
« qu'on lui en parlait, on lui arra-
« chait des larmes, et il se couvrait
« le visage de ses mains. Son re-
« pentir sincère parle pour lui :
« il faut le plaindre, imiter ses
« vertus, oublier ses erreurs, pleu-
« rer sa mort; il faut répéter en
« chœur cette grande vérité, sortie
« de la plume du sensible RACINE:

*Dieu fit du repentir la vertu des mortels.*

Tout en causant, nous arrivâmes
à un endroit sombre et mélancolique, où nous lûmes sur une pierre
cette inscription latine :

« Hic fuerunt inventa plurima
« ossa occisorum, quando fratres,
« fratres, cives, cives trucidabant :
« tantum religio potuit suadere
« malorum !...» ( Ici l'on a trouvé

*      H

les ossemens de plusieurs victimes, du tems que le citoyen massacrait le citoyen, que le frère égorgeait le frère : tant le fanatisme inspira de fureurs et de crimes ! )

Ces lignes placées sur une pierre à hauteur d'appui, à la porte d'un souterrain fermé depuis quelque tems, le silence profond qui règne autour de cette funeste enceinte, le souvenir des ossemens et des arquebuses trouvés par hasard en 1775, en très-grande quantité, dans ce lieu sauvage ; l'idée des guerres civiles, des assassinats ju-ridiques causés par le fanatisme religieux ; la poursuite exercée contre les Protestans, les Juifs, et les hommes éclairés; tout contribua à frapper mon ame de la plus pro-fonde consternation. Je gémissais

sur les faiblesses de l'espèce hu-
maine, je la plaignais, tout. en
maudissant le monstre coupable de
tant de crimes....

Tout-à-coup la scène changea
pour moi. Je me trouvai transporté
dans un lieu charmant; il me sem-
bla que le soleil dissipait le nuage
qui couvrait ma paupière appe-
santie : je croyais sortir d'un songe
pénible. Le fantôme hideux que
m'avait présenté mon imagination,
s'éclipsa à la vue du joli hermitage
où avait vécu J. J. ROUSSEAU. Au-
dessus de la porte je lus ces vers :

« Au créateur s'élève mon hommage,
« En l'admirant dans son plus bel ouvrage ».

L'aspect du bâtiment réjouit
l'œil. La simplicité en fait tout
l'ornement. Les arbres qui l'environnent, les fleurs qui en parfument

H 2

les modestes avenues, forment un
cadre touchant, un ensemble parfait. C'est l'utile mêlé à l'agréable...
O VOLNEY! les précieuses ruines
de Palmire n'offrirent point à tes
yeux observateurs un plus beau
spectacle, à ton cœur un plus at-
tachant souvenir, à ton esprit une
plus pure jouissance que je n'en
éprouvai à la vue de l'ancienne demeure de J. J.... Palmire est célèbre par son antiquité, par la richesse et le goût de ses nombreux
édifices ; *l'hermitage de Rousseau*
est cher à l'homme sensible, parce
qu'il servit d'abri à la vertu malheureuse, au peintre de la nature,
à l'interprète fidèle des généreux
sentimens. Ah! que n'est-il entièrement rétabli tel qu'il était à l'é-
poque de sa gloire!... mais il est

abandonné , et tout s'altère , tout dépérit loin de la main industrieuse de l'homme.

De là nous allâmes visiter le *temple* allégorique *de la Philosophie moderne.* Il est bâti sur une hauteur presqu'au centre de la forêt ; de son élévation on découvre la plaine et l'isle des Peupliers. Il est voisin de l'*obélisque* consacré à la poésie pastorale, emblème ingénieux du lien qui unit la science à la nature. Sa forme est circulaire , et présente une rotonde soutenue par six colonnes , dont chacune consacre', par une courte sentence , le génie et le genre des écrits d'un philosophe célèbre.

La première est érigée en l'honneur de ce philosophe anglais , qui, dans un tems où l'esprit humain enfantait chaque jour de nouvelles erreurs, et ne s'occupait que de fausses conjectures, sut débrouiller le chaos des idées philosophiques, remettre l'homme dans l'étroit sentier de la vérité, en hâtant, par ses découvertes, les progrès de la physique expérimentale, et en apprenant aux mortels plutôt à consulter le grand livre de la nature, que leur faible imagination. On lit sur la colonne :

NEWTON.... *Lucem.* (La Lumière.)

La seconde est consacrée à ce grand philosophe, au génie duquel nous devons la renaissance des sciences et des arts, l'auteur du profond système des Tourbillons, elle porte :

DESCARTES.... *Nil in rebus inane.*
(Rien d'inactif dans la nature.)

La troisième est dédiée au célèbre auteur de *Brutus*, qui défendit si courageusement *Las Casas*, *Sirvens*, et autres malheureuses victimes du fanatisme religieux. Elle porte ces mots :

VOLTAIRE.... *Ridiculum*. (Le Ridicule.)

La quatrième appartient au pacifique législateur de la Pensylvanie, zélé protecteur de la secte démocratique des Quakers. On y lit :

W. PENN..... *Humanitatem*. ( L'humanité. )

La cinquième est destinée au *Platon* moderne, l'immortel auteur de *l'Esprit des Lois*, à

MONTESQUIEU... *Justitiam*.(La Justice.)

Enfin la sixième est la colonne
de Rousseau, un seul mot l'a ca-
ractérisé.

*Naturam....* (La Nature.)

Le reste du temple est incorrect,
des tronçons de colonnes, prêts à
être placés sur leur base, expriment
par un langage muet, mais élo-
quent, que la philosophie n'est
pas encore arrivée au dernier pé-
riode de la perfection. Les colonnes
semblent demander quel mortel
sera digne de l'honneur d'en mériter une (q)? Quand ce temple
sera-t il achevé?...

_____

(q) Je crois devoir en demander une pour
le pénétrant Franklin, avec cette sentence,
*Fulmen*, la Foudre; une autre pour le vertueux Condorcet, *Scientiam*, la Science.

La

La porte d'entrée présente ces mots : *Rerum cognoscere causas.* ( Cherchons à connaître le principe des choses. ) L'intérieur est simple ; il est garni de pampre et de lierre ; on y voit un framboisier, venu là sans culture, et en face de la porte, dans l'intérieur, on lit cette ins-cription latine :

« Hoc templum incohatum, phi-
« losophiæ nondum perfectæ Mi-
« chæli MONTAIGNE, qui omnia dixit,
« sacrum esto ! » ( Que ce temple imparfait, comme la science dont il porte le nom , soit consacré à la mé-moire de l'homme qui n'a rien laissé à dire, à MICHEL MONTAIGNE. )

En sortant à gauche , on re-marque sur la base d'une des co-lonnes, ces mots : *Quis hoc per-*

I

*ficiet?* (Qui l'achevera.) *Falsum stare non potest.* (Le faux ne peut durer.....)

Nous descendîmes les marches de ce temple, pour visiter d'autres lieux. « Avant qu'on eût desséché les étangs, me dit mon respectable guide, on voyait ici de belles cascades qui précipitaient leurs ondes du haut de ces rochers buissonneux. Remarques-tu ces grottes ? une d'elles plaisait à J. J. La voilà.... Il aimait à s'y reposer lorsqu'il allait à son hermitage. C'est là que le sensible GIRARDIN avait inscrit deux beaux vers de THOMSON ; ils sont effacés, mais je me les rappelle, les voici :

*.... Here studious let me sit*
*And hold high converse with mighty dead.* »
(Je veux m'asseoir ici, y étudier et lier un sublime entretien avec les morts fameux.)

Déjà nous approchions de la *prairie Arcadienne* , lorsque mon Mentor me parla en ces termes:...
« O mon fils , tu as vu les monu-mens que le goût et l'amitié ont érigé dans ce champêtre asylo. Ils ajoutent un nouveau charme aux beautés qu'il renferme. Je suis forcé de me séparer de toi, le soleil est prêt de terminer sa course diurnale ; mais avant de nous quitter, je veux et je dois te parler en père. Tu as un cœur bon et sensible , tu m'écouteras avec patience ; les vieillards sont sen-tentieux : pardonne à mon zèle et au tendre intérêt que tu m'as ins-piré. Tu me rappelles mon cher fils,... hélas ! il n'est plus !..... Si tu as encore le bonheur d'avoir ton père , raconte-lui notre entretien;

aime-le , chéris-le toujours , car c'est ton meilleur ami. — Bon jeune homme, apprends à obéir, pour savoir commander un jour; l'obéissance mène au bonheur ; sois modeste, on craindra de te faire rougir; reconnaissant, la reconnaissance attire le bienfait; humain , tu recueilleras la bienveillance des hommes; juste , on t'estimera ; sincère , on te croira ; sobre, la tempérance écarte les maladies; enfin, sois prudent , la fortune suivra tes pas.

« Fuis les festins , les maisons de jeu et de débauche ; aime à contempler la nature, cherche le silence des forêts , il invite à la méditation ; étudie l'histoire des plantes , l'instinct et les mœurs des animaux, et tu deviendras meilleur. Gravis les hautes montagnes , elles

élèvent l'âme vers la Divinité ; là ,
tu observeras la vie privée de la
*Cigogne* ( r ). Les exemples touchans qu'elle donne des vertus do-
mestiques parleront à ton jeune
cœur. Elle t'apprendra à faire tout
pour tes parens ; à secourir le malheur , et à te sacrifier pour donner
une bonne éducation à tes enfans.

---

(r) J'ai été à même de voir cet intéressant
oiseau sur les montagnes des Vosges , où il
paraît tous les printems. Etant à Strasbourg
en 1792 , ( *v. st.* ) on me montra sur une
maison un nid très-ample , où vient nicher
chaque année un des petits qui y fut nourri.
Il est placé à l'embouchure d'une cheminée ,
où il existe depuis plus de vingt ans. Ce nid
attire les yeux du voyageur : les habitans de
cette commune s'empressent de le montrer
aux étrangers. J'en ai vu un autre , mais
moins ancien , sur la plate-forme de la ci-
devant Cathédrale de cette ville.

I 3

« La piété filiale est plus douce
que l'encens de Perse offert au soleil; plus délicieuse que les odeurs
qu'un vent chaud fait exhaler, des
plaines aromatiques de l'Arabie.

« Tu dois tout à ta mère; elle a
élevé ton enfance, écoute ses avis,
elle ne veut que ton bien; sois do-
cile à sa voix, c'est l'amour maternel qui dicte ses leçons. Tu fus
aussi l'unique objet des soins et de
la tendresse de ton père; il ne s'est
courbé sous le travail que pour
t'aplanir le chemin de la vie; ho-
nore son âge, et sais respecter
ses cheveux blancs. Imite le bel
exemple d'un des plus fameux hé-
ros de l'antiquité, *Enée*, qui, à la
vue de Troye en flammes, ne pou-
vant résister aux forces réunies de la
Grèce, emporta son père *Anchyse*,

ses Dieux Pénates, emmena son fils,
jeune encore, et se retira sur le
mont Ida... Vois *Séila* qui se dé-
voue à la mort pour conserver la
gloire de *Jepthé* son père... Vois
cette jeune Romaine qui allaitait son
père dans l'affreux cachot où la bar-
barie le condamna à périr de faim.

« Enfin, songe de combien de
secours ton enfance a eu besoin;
dans combien de dangers peut te
précipiter le feu de ta jeunesse.
Prends toujours conseil des auteurs
de tes jours. Tu compatiras à leurs
infirmités; tu leur tendras la main
au déclin de leurs ans, alors leur
leur tête chauve reposera en paix
dans le tombeau, et tes enfans te
rendront, à leur tour, les tendres
soins que tu auras été fidèle à leur
donner.

I 4

« En remplissant, ô mon fils, avec
une fidélité religieuse tous les devoirs de la piété filiale, tu vivras
heureux, chacun t'aimera, Dieu
te bénira. Songe que cette vertu,
malheureusement trop rare dans
ce siècle pervers, est la source de
toutes les autres. Je finis par te
recommander d'ouvrir ton cœur à
l'amitié, elle aide à supporter les
chagrins de la vie ; mais compte
peu de jeunes gens au nombre de
tes amis;.... nos meilleurs amis
sont les bons livres :

*Ces amis-là, mon fils, ne sont jamais perfides.*

Adieu. Sois toujours l'ami de la
Nature, l'esclave de la Loi ; ces
guides-là ne t'égareront jamais. » (s)

(s) La plupart de ces sentences morales
sont extraites du *Bramine inspiré*, ouvrage
anglais, publié à Londres en 1735.

Respectable vieillard , lui ré-
pondis-je , après l'avoir écouté attentivement , je suis pénétré de
vos bontés, agréez ma sincère reconnaissance. Je n'oublierai jamais
les conseils que vous venez de me
donner ; votre expérience vous les
a dictés , et l'amitié n'a pas voulu
qu'elle fût perdue pour moi : l'expérience est la mère de la morale,
et l'amitié d'un vieillard est un présent du ciel. Je bénis la Providence d'avoir dirigé mes pas vers
les lieux que vous chérissez. Je
prends devant elle l'engagement
solemnel de ne m'en écarter jamais ;
vous les avez gravés dans mon cœur
en traits ineffaçables.

Je reçus sa bénédiction , et nous
nous séparâmes les larmes aux

yeux. Je regagnai le village d'Erménonville, et je ne voulus point
me coucher sans revoir encore
la tabatière et les sabots de mon
ami JEAN-JACQUES.

## TROISIÈME PROMENADE.

AIMABLE solitude, source iné-
puisable de bonheur, pure jouissance de l'homme sensible, c'est
toi qui nous donnes les véritables
leçons de douceur, de bienfaisance
et d'humanité. C'est toi qui nous
apprends à supporter les maux, à
aimer nos semblables, à compatir
à leurs peines; par toi l'homme se
rapproche de la nature et de la vérité. Que de bienfaits tu répands
sur celui qui sait t'apprécier!...
Le crime et le remords fuient loin
de ses pas; ses jours coulent en
paix dans le sein des vertus. Il
méconnaît la sombre jalousie, l'in-

quiète ambition, la délirante envie, fléaux des grandes cités où le luxe et la volupté siégent toujours sur le lit de la douleur. Le riche habitant des villes paraît heureux, mais il n'a que l'apparence du bonheur ; sans cesse agité par les passions les plus aiguës, à peine a-t-il le tems de réfléchir sur son existence : à force de jouissances il devient insensible, et *meurt sans avoir vécu.* L'homme des champs au contraire, qui, par goût et par choix, chérit la solitude, qui ne promène jamais ses yeux sur les productions de la Nature sans se sentir ému, dont toutes les pensées se portent vers le divin Auteur de tant de merveilles, celui-là, dis-je, est heureux, parce qu'il sait l'être. Toute sa morale roule sur ces deux principes, *résignation* et *reconnais-sance* : l'un l'instruit à ne point s'irriter contre un mal passager ; l'autre lui inspire l'hymne quotidien que tout être pensant doit aux bontés de la Providence. La paix, la douce paix, voilà son trésor ;... ses occupations sont toujours dignes d'une créature raisonnable ;...ses conseils tendent au bonheur commun : l'histoire des hommes et celle de la nature, voilà ses lectures. S'il veut connaître les beautés sans nombre qui sont semées sous ses pas, la Botanique lui ouvre ses trésors :... que de merveilles il découvre!..S'il interroge les familles des plantes, toutes lui attestent la grandeur de Dieu... L'harmonie des cieux, les problèmes de la géométrie sublime, l'art admirable de guérir, l'ana-

tomie, science si utile, la connaissance approfondie de la logique et
de la morale,.... tels sont les travaux auxquels il aime à se livrer;...
son ame peut à peine suffire à tous
les sentimens qu'il éprouve!....
il est vraiment heureux, car il
peut se rendre compte chaque soir
de l'emploi de sa journée. O solitude! voilà les bienfaits... Toi seule
as consolé J. J. (*t*), et tous les jours

_____

(*t*) « Pour fuir la haine de mes frères, qui
« ne jouissent du bonheur que dans ma mi-
« sère, et ne point les haïr, je me réfugiai
« chez la mère commune; alors j'ai cherché
« dans ses bras à me soustraire aux atteintes
« de ses enfans; je suis devenu solitaire, ou,
« comme ils disent, *insociable et misanthro-*
« *pe,* parce que LA PLUS SAUVAGE SOLITUDE ME
« PARAIT PRÉFÉRABLE A LA SOCIÉTÉ DES
« MÉCHANS, qui ne se nourrissent que de
« trahisons et de haines. » (J. J. ROUSSEAU,
*Rêveries, VII.e Promenade.*)

tu consoles les peintres de la nature
et les poëtes sensibles. C'est dans
ton silence que le burin de l'histoire et celui des arts gravent le
souvenir des belles actions et des
grands évéñemens.

Le lendemain je fus prompt à
me lever ; j'avais encore bien des
endroits à visiter, et cette journée devait être aussi pleine que les
précédentes. Je dirigeai mes pas
vers le *Désert*. Le sentier qui y conduit est connu sous le nom de *Sen-*
*tier de J. J. Rousseau* ; il com-
mence au-dessous du village d'Erménonville, presqu'en face du parc.
L'entrée du désert a une forme
grotesque ; la porte est faite avec
des branches de saule, son couron-
nement est un tronc d'arbre d'une
forme bizarre. Autrefois on y voyait

cette inscription : CHARBONNIER
EST MAITRE CHEZ LUI.

Je parcourus les détours du petit
sentier. Sa pente est pénible, par
la rencontre d'une chaîne de rochers , et par une suite d'arbres
plantés çà et là et mélangés avec art.

Bientôt je vis ce qu'on appelle le
*Creux du Vent* , grotte délicieuse,
dont   position est piquante. Elle
est creusée dans le roc et recou-
verte de mousse. Elle servit , dit-
on , de retraite , en 1779, à l'em-
pereur *Joseph II* , lors du fameux
orage du mois de mai. On y avait
mis à cette occasion l'inscription
suivante, dont on a fait depuis justice en la supprimant :

   « Vois-tu , passant, cette grotte creusée,
    « Elle mérite ton respect ;
   « Elle a servi , toute brute qu'elle est ,
   « Pour abriter la vertu couronnée. »

                J'atteignis

J'atteignis enfin la *cabane de J. J.*
Elle est taillée dans le roc, et placée
sur le lieu le plus élevé et le plus
solitaire du désert, au milieu des
rochers, qui semblent en défendre
l'entrée aux méchans. De cette
hauteur l'œil découvre une sauvage
perspective, et toute la nature
semble se déployer devant lui sur
un vaste amphithéâtre. Les montagnes qui environnent, la teinte
sombre et lugubre des pins et des mé-
lèses, les génevriers, qui étendent
leurs rameaux sur la pente des col-
lines, des rochers entièrement nus,
la variété des aulnes, des chênes,
des bouleaux, des genêts, le sable
blanc du désert, tout inspire à ce
paysage un caractère mélancolique;
tout semble dire aux malheureux :
*venez ici, voilà votre asile :...* en

K *

effet ce lieu appelle la rêverie, il
commande la méditation et le recueillement. — Mon front était
couvert de sueur, la chaleur était
excessive, je marchais vîte, pour
voir tout ce qui entourait la *cabane de J. J.*, j'y revins pour me
reposer. J'eusse goûté bien moins
de plaisirs sous le dais verdoyant
d'une antique forêt, à l'ombre d'un
bel acacia, dans une riche prairie,
ou sur le bord d'une claire fontaine, que je n'en savourai dans ce
simple asile. Mille sensations délicieuses s'emparèrent de tout mon
être dans cette demeure du peintre
d'*Héloïse*. Je n'étais occupé que
de lui, je croyais l'entendre; on
eût dit, à me voir, que son ame
bienfaisante planait autour de moi.
J'étais absorbé dans la contempla-

tion, le sommeil m'enchaîna, et
quel sommeil !... c'est celui qu'on
goûte aux Champs-Elysées... Comment peindre ce que j'éprouvai
pendant le trop court espace que
dura cet assoupissement involontaire?.... il m'en est resté un souvenir délicieux. Je jouissais par la
pensée ; mille songes voltigeaient
autour de moi, ils ne m'offraient
que des êtres sensibles et des amis
de J. J. Je vis ma mère, elle me
souriait. Nous causions ensemble
avec ROUSSEAU : je le voyais tel
qu'il était, bon, sensible, juste,
compatissant, et ne s'occupant que
du bonheur de ses semblables....
Hélas ! je me réveillai.... On vou-
drait toujours dormir, quand on
jouit d'un heureux songe....Je parcourus des yeux toutes les parties

K 2

de la cabane. Je vis qu'elle était
totalement abandonnée ; j'y re-
trouvai même les traces de la fu-
reur aveugle du vandalisme. Elle
est assez commodément disposée.
Entre la cheminée et le lit, qui
n'est autre chose que la plate-
forme d'une partie du rocher qui
s'avance dans l'intérieur, je lus ces
mots : JEAN JACQUES ROUSSEAU
EST IMMORTEL.... La cabane est
éclairée par deux fenêtres qui re-
gardent le levant ; à droite, en sortant, on voit un roc qui présente
cette touchante vérité :

« C'est sur la cîme des montagnes
« que l'homme se plaît à contem-
« pler la nature ; c'est là que, tête-
« à-tête avec elle, il en reçoit des
« inspirations toute-puissantes, qui
« élèvent l'ame au-dessus de la ré-
« gion des erreurs et des préjugés.»

Du côté opposé on lit cette belle
sentence :

« Celui-là est véritablement libre
« qui n'a pas besoin de mettre les
« bras d'un autre au bout des siens
« pour faire sa volonté. »

La cabane est couverte en chau-
me. Plusieurs arbres la couvrent
de leur ombre. Asile pur et sans
tache, m'écriai-je, tu ne fus jamais souillé par le luxe destruc-
teur, ni le honteux sybarisme : tu
respectas toujours la pudeur, compagne du jeune âge... Tu présentes
par-tout, dans ta modeste enceinte,
l'austérité des mœurs du CATON
de Genève : le mortel qui te visi-
tera éprouvera toujours un saint
frémissement, et croira sentir l'in-
fluence de la divinité que tu re-

céla.... O Rousseau! je l'ai fou-
lée cette terre que tu as sanctifiée;..
je me suis assis sur ce roc que tu
aimais tant; ... j'ai habité cette
grotte où tu venais chercher ce
calme si nécessaire à l'homme pen-
seur et philosophe, où ta belle ame
retrouvait la sérénité, lorsque tu
fuyais la persécution et l'injustice,
où tu te vengeais de la méchanceté
des hommes, en terminant la bâtisse
de l'édifice de leur bonheur.....
C'est ici que tu corrigeas ton *Emile*,
que tu mis la dernière main à tes
*Confessions*... tes *Confessions!* ce
livre précieux et inimitable qui
nous apprend à nous connaître
nous-mêmes, à nous juger... C'est
encore ici que tu étudiais la Botanique, science aimable, qui fera
éternellement le délice des ames

sensibles et l'honneur des TOUR-
NEFORT, des LINNÉE, des JUS-
SIEU , etc. , science attrayante,
dont tu te proposais de simplifier
l'étude , et la consoler de la séche-
resse monotone de la nomenclature.
Je te dois mon amour pour elle (*u*).

———————————————

( *u* ) « La Botanique rassemble et rappelle
« à mon imagination toutes les idées qui la
« flattent davantage : les prés, les eaux, les
« bois, la solitude, la paix sur-tout , et le
« repos qu'on trouve au milieu de tout cela ,
« sont retracés par elle incessamment à ma
« mémoire. Elle me fait oublier les persé-
« cutions des hommes, leur haine, leur mé-
« pris , leurs outrages, et tous les maux dont
« ils ont payé mon tendre et sincère atta-
« chement pour eux. Elle me transporte dans
« des habitations paisibles , au milieu des
« gens simples et bons, tels que ceux avec
« qui j'ai vécu jadis. Elle me rappelle et mon
« jeune âge et mes innocens plaisirs; elle
« m'en fait jouir derechef, et me rend heu-

Quiconque lira tes lettres, voudra éprouver par lui-même une partie de tes sensations *à la vue de cette foule d'êtres sensibles dont la Providence semble n'avoir entouré l'homme que pour le rappeler à la bienfaisance*, ainsi qu'au doux plaisir de la reconnaissance..... Reconnaissance! mouvement pur et céleste, vertu désintéressée qui nous reporte naturellement vers l'auteur de toutes choses. Heureux le cœur constamment ouvert à cette noble passion. L'homme reconnaissant dans l'âge mûr, le fut dès l'enfance, et le sera dans la dé-

---

« reux bien souvent encore, au milieu du « plus triste sort qu'ait subi jamais un mor- « tel. » Qui n'aimerait pas la Botanique après ce bel éloge qu'en fait J. J.? ...

crépitduc

crépitude de l'âge. Encore à la ma-
melle, il bégayait le nom, le doux
nom de mère; jeune, il a étouffé la
voix de l'envie, jamais la haine à la
langue acérée n'a guidé ses pas ou
sa plume; homme fait, il prêche
les vertus, dont il est un modèle
vivant; vieux, vous l'entendez
chanter encore l'hymne de la reconnaissance, et maudire l'homme
au cœur dur et insensible que les
bienfaits n'ont jamais attendri...
L'ingrat est le fléau de la société;
c'est un monstre que l'enfer a vomi,
et qui nous rappelle ces anges re-
belles que MILTON nous peint si
énergiquement, avec de mâles
crayons, dans son *Paradis Perdu.*
Jamais l'amitié, les tendres sentimens ne germeront dans son cœur:
une épouse, des enfans, un ami,

L

tous ces doux noms sont perdus
pour lui. Le misérable est déjà
mort ; il ne sent plus rien.

Je quittai l'auguste cabane ;
mes momens étaient comptés, et
j'avais encore bien des choses à
voir. J'aperçus près de moi un banc
formé naturellement sur le sommet
d'une roche : il semblait placé là
pour faciliter la contemplation du
lever du soleil. Je n'oublierai jamais sa position, et je veux y re-
venir pour jouir encore de ce beau
spectacle qu'on méconnaît dans les
villes ; il semble même que la nature n'existe pas pour leurs habitans. L'éducation qu'on y reçoit
est toute artificielle ; à force d'art
on y a étouffé le germe de la nature.
Comment un jeune élève peut-il y

puiser la véritable idée du bonheur?
on ne le lui montre que dans les
richesses , ou dans les honneurs
éphémères d'un éminent emploi. Le
feu de son ambition y est attisé par
la vue des fortunes rapides dont il
est le témoin ; son cœur s'endurcit ;
il croit jouir, et il n'est que tour-
menté par la crainte de perdre :
heureux quand le remords n'em-
poisonne pas sa *prétendue* jouissance ! On a beaucoup raisonné sur
le bonheur, mais ouvrez les œuvres
de ROUSSEAU , et vous pourrez
l'entrevoir : vous le goûterez même
déjà , si vous le lisez avec une ame
pure et un esprit exempt de tout
préjugé.... Ce grand homme nous
apprend à bien remplir nos devoirs ,
à secourir la veuve et l'orphelin ,
à aimer nos semblables, respec-

ter leurs opinions et leur culte,
et à écouter la voix divine de
notre conscience. . . . . . . Hélas !
s'il eût vécu avant les siècles de
l'erreur, que de sang il eût épar-
gné au monde !. . . . ses immortels
écrits ont réveillé l'homme de son
léthargique sommeil, et l'ont rendu à la Nature. Tel que l'astre
qui féconde les moissons, en éclai-
rant l'univers, il a fait briller le
miroir de la vérité, et l'homme a
été appelé à la vertu et à la liberté.
A sa voix, les enfans ont connu le
respect filial, les mères la tendresse,
les épouses la fidélité. . . . Il fut le
flambeau de son siècle, et lorsque
la mort vint le délivrer de la vo-
racité de ses ennemis et de ses
bourreaux, il put dire comme le
poëte de Mantoue : *J'ai vécu, j'ai*

*bien rempli la carrière que le sort m'avait tracée (v).*

Je descendis la montagne, et m'éloignai avec regret de cette aimable cabane qui m'inspirait d'utiles réflexions. Mes yeux se retournaient souvent vers elle, j'aurais voulu l'avoir toujours devant moi. En descendant je respirais le doux parfum qu'exhalaient le genêt fleuri, l'aubépine et le chèvre-feuille. Sur mon chemin je trouvai un petit endroit solitaire, dont l'entrée était fermée par un orme d'une grosseur extraordinaire. Sur son écorce on a gravé ces mots :

> *Oui, le voici cet orme heureux*
> *Où ma Louise a reçu mes vœux.*

---

(v) *Vixi, et quem dederat cursum fortuna, peregi.*

(VIRGILE.)

L 3

Je vis sur une de ses branches
deux jeunes tourterelles qui se ca-
ressaient amoureusement. Je pris
un sensible plaisir à les voir ainsi
se livrer aux douceurs de l'amour
conjugal , leurs tendres roucoule-
mens avaient l'empreinte du bonheur.... Ah ! que leur sort est
digne d'envie !....

L'ancien grand lac parut soudain
à mes yeux , et sur ses bords je
remarquai le *temple de l'Amour.*
A son aspect je sentis palpiter
mon cœur. Mon imagination me
rappela tous les mystères de Gnide ,
et le temple que l'immortel Mon-
TESQUIEU a élevé au jeune Dieu
qui tient dans sa main le bonheur
et le malheur des hommes :....
mille souvenirs confus m'assail-
lirent..... Lieu charmant ! m'é-

Ah! que leur sort est digne d'envie!...

Challiou.                                                    Mariage.

criai-je, asile du mystère et du
silence, combien de fois ne fus-tu
pas visité par la jeune amante, par
le berger sensible?... Que d'encens
n'a-t-on pas brûlé sur ce gazon!...
Que de sermens cet écho n'a-t-il
pas retenti!... Ici, plus d'une fois
la beauté timide a réfléchi sur l'a-
veu d'un tendre amant :... que de
craintes! que d'espérances la nourrissent tour-à-tour!... Sera-t-elle
sévère?... enhardira-t-elle celui
qui ose à peine lever les yeux sur
elle?... Sa tranquillité exige peut-
être qu'elle rejette un hommage
que son cœur approuve en secret;
mais son bonheur, le besoin d'aimer
et celui d'être aimée subjuguent et
détruisent ses scrupules. Enfin elle
se détermine à fortifier l'espoir de
son adorateur...Il a l'air si honnête,

son caractère est si doux, sa bouche
est l'organe d'une si belle ame!
que risque-t-elle?... Elle combat
encore, mais son cœur cède.'..
«Amour, s'écrie-t-elle alors, je
m'abandonne à toi, protège celle
dont l'intention fut toujours pure.
Ton autel est dans mon cœur, reçois
le culte que je t'y rends, et ne per-
mets pas que le parjure empoi-
sonne jamais une félicité dont tu
dois être le protecteur...» C'est
ainsi qu'elle parle ; et moi qui la
fais ainsi s'adresser à l'Amour, je
lui dis à mon tour : Aimable Dieu
de Cythère, fais-moi bientôt retrouver celle que me destine la
tendresse, celle que j'ai connue dès
l'enfance, et loin de laquelle un
destin sévère me force d'exister.
Conserve-lui les vertus et les graces

de son sexe ; que sa raison et son esprit soient un jour mes plus sûrs guides ; que ses desirs n'aient d'autre but que notre bonheur mutuel ; qu'elle aime ses devoirs ; qu'elle soit toujours bienfaisante et sensible : que, depuis l'aube matinale jusqu'au déclin du jour, ses pensées et les miennes soient mues par le doux lien de la sympathie !..

Après avoir formé ce vœu, je m'occupai à examiner le monument que j'avais sous les yeux. Il est posé sur la pelouse, et formé par quatre rochers qui lui donnent l'air mystérieux qui lui est propre. *Flore* semble avoir pris plaisir à semer ses trésors autour de ce temple. La timide violette et l'éclatante pensée y prodiguent leurs couleurs veloutées, l'églantier s'y

plaît, et ses buissons servent souvent d'abri à la tendre fauvette,
au vaillant rouge-gorge. Les rochers présentent plusieurs inscrip-
tions. La première est conçue en
ces termes, elle est tirée du TASSE :

« Mò pur si aspre vie, nà si selvagge
« Cercar non sa, ch'Amor non venga sempre
« Ragionando con me co, ed io con lui...»

(J'ai beau gravir les sentiers les plus es-
carpés, m'enfermer dans les réduits les plus
sauvages, l'Amour sait toujours m'y trouver;
par-tout je le sens à mes côtés, s'entretenant
avec moi et moi avec lui. )

Une seconde s'exprime ainsi :

« Di pensier in pensier, di monte in monte
« Mi guida Amor, e pur nel primo sasso,
« Desegno con le mente, il suo segno. »

( De pensées en pensées, de montagnes en

montagnes, par-tout l'Amour suit mes pas ;
c'est lui qui guida ma plume, qui présida à
ma mémoire, lorsque je traçai son nom sur
ce rocher. )

Ces paroles sont surmontées de
ces lettres S. P.

La troisième inscription ne porte
qu'un nom :

A JULIE.

La quatrième porte ces deux
beaux vers de PÉTRARQUE :

« .... Chi non sa come dolce sospira,
« E come dolce parla, e dolce ride ? »

( Qui n'a pas remarqué son doux sourire ?
qui n'a pas entendu ses tendres soupirs et
son parler amoureux ?...)

Ces trois dernières roches forment une espèce d'antre solitaire,

tapissé de fougères, de mousse et
de fleurs. En y abordant on éprouve
un bien-être qu'on ne peut rendre :
il semble que ce soit la demeure de
la Vertu. L'imagination s'y rappelle
mille scènes d'amour et de mélancolie. Je croyais voir et entendre la
sensible *Julie*, l'amoureux *Saint-
Preux*, l'aimable *Claire*, le sage
*Wolmar* et sa vertueuse épouse. Je
repassais leur histoire, et ce tableau consolant d'un amour si pur,
d'une si touchante amitié, d'une
félicité si désirable me fit répandre
des larmes d'attendrissement; mon
cœur s'ouvrit à tous les sentimens
qui font le charme de la vie, et
tout ce que l'amour a de plus vif
et de plus touchant se fit sentir à
mon ame.

Je ne voulais point quitter ce temple sans faire une prière à l'Amour. L'amant fidèle aime toujours à s'entretenir de son amante. J'invoquai donc le dieu d'*Anacréon* et de *Tibulle* en ces termes : « Amour ! fils du ciel et de la beauté, reçois mon pur encens ; qu'une flamme chaste et vertueuse brûle sans cesse dans mon sein. Aimer n'est un bien que quand ce sentiment est exempt de remords... Tu le sais, je n'aspire qu'à mériter tes faveurs. Daigne me conserver le cœur de celle que j'aime et dont l'image me suit par-tout... Fais que bientôt le dieu de l'hymen, ton frère, couronne une passion que le trépas même ne pourrait pas éteindre !...»

Pendant que je priais ainsi, une pluie abondante vint rendre la vie aux plantes que la chaleur du soleil avait altérées. Je ne voulus point me soustraire à cette faveur du ciel, et j'éprouvai par moi-même que l'homme tient naturellement aux végétaux, par le plaisir que je goûtai à me faire mouiller. Je respirais la vie, je voyais les oiseaux chercher un abri sous le dais d'un arbre touffu, tandis que moi, je m'opiniâtrais à vouloir recevoir la pluie. Je revins donc doucement au village d'Erménonville pour prendre un repas de laitage.... Que cette liqueur me parut douce! avec quelle sensualité j'y mêlai un pain qui fut pour moi plein de saveur!... oui, MONTAIGNE,

*l'appétit est un bon cuisinier.* Je
sentis dans ce moment tout le néant
et la superfluité de ces tables où
le luxe préside et non le vrai besoin.... Douce Frugalité, vertu
nécessaire à l'homme sensible, je
connais tes bienfaits ; jamais je
n'abandonnerai ton culte... Cent
fois je t'ai sacrifié les faux plaisirs
où m'appelait l'insidieuse intem-
pérance ; je suis toujours revenu
à toi, et tu m'en as récompensé
par la santé dont tu m'as fait l'estimable don..... Toi seule es la
sauve-garde des mœurs... Toi seule
inspiras cette belle pensée au sage
PYTHAGORE, qu'il répétait souvent à ses disciples : *Si vous ne*
*voulez pas que les passions étouf-*
*fent les sentimens de votre cœur,*

*les douces impressions de votre
ame ,* QUE LA TEMPÉRANCE
PRÉSIDE A VOS DESIRS ET
RÉGISSE VOTRE VIE.....!..
Hommes ! voulez-vous vivre con-
tens de vous et des autres? SOYEZ
TEMPÉRANS.....,.,.,..

QUATRIEME

## QUATRIEME ET DERNIERE

## PROMENADE.

LE ciel était devenu serein , l'air était embaumé par le parfum de mille fleurs qui semblaient s'être donné le mot pour éclore en même tems. Toute la nature semblait renaître : tel est l'effet d'une pluie printannière ; son charme n'est connu que de l'habitant des campagnes. J'avais besoin de ce riant tableau pour adoucir la teinte sombre qu'avait laissé à mon imagination la vue mélancolique du *désert*. J'étais déjà loin du village, j'entendais le chant joyeux du sansonnet,

\*      M

et le sifflement prolongé du merle;
le taureau, dompté par l'amour,
suivait gaiement la belle génisse;
l'air retentissait du concert des
oiseaux; la chèvre légère s'élançait
sur les roches glissantes, et paissait
hardiment au bord des précipices;
le ramier roucoulait près de sa
compagne, qui gardait fidèlement
le nid dépositaire des précieux trésors de la maternité. Ce tableau
d'un bonheur réel, le ton sublime
de la nature au déclin d'un beau
jour, ce paysage plein de vie et de
mouvement, cet accord de tous les
êtres dans la recherche et la rencontre de la plus pure félicité,
plongèrent mon ame dans un doux
et long ravissement.

Je me trouvai près du château,
qui rappellera toujours au voyageur

reconnaissant les vertus de son pro-
priétaire. Il était fermé : le généreux GIRARDIN était absent. Je
traversai le parc, et j'atteignis le
lieu qu'on nomme le *Bocage de la
Bergère.* On peut l'appeler aussi
le *Bosquet des Amours*, tant son
aspect plait à l'œil et parle au cœur.
Des eaux pures y serpentent sur
un lit de sable, bordé du plus frais
gazon: il est peuplé d'oiseaux qui
semblent s'y complaire. Je vis mille
petits poissons qui se jouaient dans
le limpide cristal. J'arrivai près
d'une fontaine qui baigne le pied
d'un autel sur lequel on lit d'un
côté ces mots :

QUI REGNA L'AMORE.

(C'est ici que règne l'Amour.)

M 2

De l'autre côté on remarque cette inscription :

> L'acque parlan d'amore
> E l'aura, ei rami,
> — Egli augeletti, e i pesci,
> E i fiori, e l'erba.

( L'eau, les vents, les arbres, les poissons, les oiseaux, les fleurs et l'herbe, tout parle d'amour.)

Je suivis les détours du ruisseau ; son murmure imprime à l'ame le caractère de la mélancolie. Vers le milieu de sa course, on voit ce qu'on appelle l'*Alcove du Bocage :* c'est une charmante grotte formée de granit et de feldspath. Un banc couvert de mousse, m'offrit un siége commode, et en tournant la tête, je lus ces vers :

O limpide fontaine ! ô fontaine chérie !
    Puisse la sotte vanité
Ne jamais dédaigner ta rive humble et fleurie !
Que ton simple sentier ne soit point fréquenté
    Par aucuns tourmens de la vie,
    Tels que l'ambition, l'envie,
    L'avarice et la fausseté !..
Un bocage si frais, un séjour si tranquille
Aux tendres sentimens doit seul servir d'asile.
Les rameaux amoureux entrelacés exprès,
Aux muses, aux amours offrent leur voile épais;
    Et le cristal d'une onde pure
    A jamais ne doit réfléchir
    Que les grâces de la Nature
    Et les images du plaisir.

Plus bas, une main étrangère a écrit au crayon ce quatrain qui n'est pas moins ingénieux :

    O vous qui venez dans ces lieux
    Jouir de douce rêverie,
    Voulez-vous bien passer la vie ?
    Rêvez que vous êtes heureux.

Je continuai à suivre les rives du ruisseau, et j'arrivai près d'une rotonde dont la porte d'entrée présente ces mots :

*Otio et Musis.*

(Ce petit pavillon est consacré au doux loisir et aux Muses.)

En quittant le *Bocage*, on entre dans une petite plaine où l'on voit le *tombeau de la belle Laure* pour qui soupira le tendre *Pétrarque*. Il est ombragé par des cyprès, des peupliers et des aulnes. La tourterelle vient souvent gémir vers le soir sur leurs rameaux. Une fontaine coule dans l'intérieur de ce monument, dont la structure présente, en petit, une image de la fontaine de Vaucluse. Je m'imaginais entendre la voix de l'amant

de *Laure*. Je me rappelai sur-le-
champ sa *Canzone IV*, qui com-
mence ainsi;

*Chiare, fresche, e dolci acque, etc.* ( *x* )

Je pris mon crayon, et j'écrivis
sur le tombeau cette traduction
qu'en fit VOLTAIRE.

Claire fontaine, onde aimable, onde pure,
Où la beauté qui consume mon cœur,
Seule beauté qui soit dans la Nature,
Des feux du jour évitait la chaleur :
   Arbre heureux, dont le feuillage
   Agité par les zéphirs,
   La couvrit de son ombrage ;
   Qui rappelles mes souvenirs
   En rappelant son image :

---

( *x* ) Voyez l'ouvrage publié en 1774, par
*P. C. Levesque*, sous le titre de *Rime
Scelte di Francesco Petrarca* ; ( *Choix des
Poésies de Pétrarque.* ) Page 64 et les suivantes
( Petit volume grand in-18. )

Ornemens de ces bords et filles du matin,
Vous dont je suis jaloux, vous moins brillantes qu'elle
Fleurs qu'elle embellissait quand vous touchiez son se'
Rossignols dont la voix est moins douce et moins belle·
Air devenu plus pur ; adorable séjour,
    Immortalisé par ses charmes :
Lieux dangereux et chers, où, de ses tendres armes
    L'Amour a blessé tous mes sens ;
    Ecoutez mes derniers accens ,
    Recevez mes dernières larmes.

Sur le haut du monument on lisait cette inscription qui en est détachée :

Non la connobb' il mondo, mentre l'ebbe
Connobb' il' io ch' à pianger qui rimasi.

(Le monde entier ne la connut point lorsqu'il la possédait; mais, moi qui l'ai bien connue, je demeure ici pour la pleurer sans cesse.)

Je restai quelque tems immobile près de ce tombeau qui n'est que
                        fictif,

fictif, mais dont l'alentour est mélancolique, et inspire une douleur
vraie. Les oiseaux semblent se
plaindre et gémir au-dessus de
cette tombe ; on dirait même que
le zéphir, en agitant le feuillage,
exprime les regrets qui ont suivi la
perte de cette beauté simple et
touchante qui n'eut point d'égale
au monde. La douceur faisait son
caractère. Elle ne connaissait que
le bonheur d'être au sein d'une
famille qui l'adorait. Par sa dé-
cente, son chaste langage, sa douce
raison, ses modestes attraits, elle
était le modèle de son sexe. Elle
eût fait le bonheur et l'orgueil de
ses parens, mais elle fut mois-
sonnée avant le tems ; *sans doute*,
pour me servir d'une expression
de BOSSUET, *que le monde*

N

*n'était pas digne de la posséder.*

Soudain un lac s'offrit à ma vue. Une chaloupe est sur le rivage; j'y entre, je saisis les avirons, et en peu de minutes me voilà aux pieds de la *Tour de Gabrielle;* c'est ainsi qu'on l'appelle du nom de la belle maîtresse d'*Henri IV.* Je monte au haut de la tour pour jouir d'un superbe coup-d'œil. Je vois la surface de l'eau, ridée par l'aile du zéphir; le lac arrose la prairie par différens petits canaux qui portent la fraîcheur et la vie dans les vergers voisins. Ici, le mulet patient, chargé d'un sac de farine que suit de près le meûnier armé de son sceptre bruyant; là, des troupeaux paissent sous la garde d'un enfant, qui se fait obéir par deux chiens fidèles; plus loin,

une chaîne de montagnes mêlant
leur tête blanchâtre à l'azur des
cieux........ C'était un tableau
vraiment enchanteur, et digne du
pinceau de *Claude Le Lorrain*, de
*Berghem* et de *Gandat* (*y*).

Cette tour construite sur le bord
du lac, est au milieu d'un joli
jardin environné d'eau. L'intérieur a un air antique, et rappelle
le tems des preux chevaliers. La
salle du rez-de-chaussée est ronde,
voûtée, et soutenue dans le milieu par un large pilier entouré
d'une table. Les autres apparte-
mens n'offrent rien de remarquable.
L'extérieur n'a rien qui annonce

---

(*y*) Voyez la note VI, à la fin de cet ouvrage.

N 2

l'ancienneté... Le lierre ne couvre pas les murs ; le hibou ne fait pas son nid dans les créneaux... L'œil n'éprouve aucune illusion , partout le cœur reste muet. A cette vue on s'aperçoit trop que cette tour est réparée , et son coloris jeune fait fuir toute idée de vétusté.

Je rentrai dans la chaloupe. La lune brillait au haut des airs ; ses rayons argentés étaient réfléchis dans le lac, dont le jeu de mes rames agitait doucement l'eau limpide. Le silence commençait à régner autour de moi ; j'étais seul avec la nature. Un léger zéphir agitait le feuillage , la chaloupe froissait les mobiles roseaux, qui relevaient soudain leur tête flexible. Je prenais plaisir à écouter la tendre Philomèle, dont le chant mélodieux était par fois interrompu par le son plaintif et monotone du Coucou : j'aurais passé la nuit dans cette situation. — Tout entier abandonné à mes réflexions, ROUSSEAU se présenta à mon esprit voguant au milieu du lac de Bienne (z), lorsqu'il habitait la

----

(z) « Lorsque le tems était beau, pendant qu'on était encore à table, je m'esquivais, et j'allais me jeter seul dans un bateau que je conduisais au milieu du lac quand l'eau était calme; et là, m'étendant tout de mon long dans le bateau, les yeux tournés vers le ciel ; je me laissais aller et dériver lentement au gré de l'eau, quelquefois pendant plusieurs heures , plongé dans mille rêveries confuses, mais délicieuses , et qui, sans avoir aucun objet bien déterminé ni constant , ne laissaient pas d'être,

N 3

charmante *Isle Saint-Pierre* (aa).
Je le voyais s'abandonnant au ca-
price de l'onde et des vents ; ses
yeux étaient tendus vers la voûte
céleste, je me joignais à lui quand
il adressa au ciel cette sublime
prière :

« Souveraine Puissance de l'u-

————————

à mon gré , cent fois préférables à tout ce
que j'avais trouvé de plus doux dans ce
qu'on appelle les plaisirs de la vie. »

J. J. ROUSSEAU.

(aa) Voyez la belle description que nous
a laissé l'immortel auteur de *Pygmalion*,
dans ses *Rêveries*, V.e *Promenade*, de
cette isle peu connue , même en Suisse,
au commencement de ce siècle , et devenue
depuis célèbre par la résidence qu'y fit J. J.

J'approchois insensiblement du rivage.

Challiou.                                        Marillier.

« nivers, Être des êtres, sois-moi
« propice : jette sur moi un œil
« de commisération... Vois mon
« cœur, il est sans crime. Je mets
« toute ma confiance en ta bonté
« infinie, et tous mes soins à m'oc-
« cuper de ton immensité, de ta
« grandeur, de ton éternité. J'at-
« tends sans crainte l'arrêt qui me
« séparera des humains : prononce,
« termine ma vie, je suis prêt à
« paraître aux marches de ton
« trône, pour y recevoir la destinée
« que tu m'as promise en me don-
« nant la vie, et que je veux mé-
« riter en faisant le bien. »

J'approchais insensiblement du
rivage, il fallut abandonner mon
heureuse chaloupe ; je pris en
rêvant le sentier qui mène au vil-

N 4

lage, et je gagnai mon auberge, le cœur rempli du regret d'être obligé de quitter le pays que J. J. ROUSSEAU aimait tant.

# NOTES.

(1.) ANACHARSIS CLOOTZ, baron Prussien, auteur de la *République Universelle*, et de plusieurs autres ouvrages. Dans ce nombre, il faut distinguer celui intitulé : *Certitude des preuves du Mahométisme*, dans lequel il défendit très-énergiquement l'illustre citoyen de Genève. CLOOTZ applaudit à la révolution, et il vint en 1790 assister, comme délégué des patriotes Prussiens, à la commémoration du 14 juillet. Depuis cette mémorable époque il resta en France, et fut adopté citoyen Français, par décret de l'assemblée nationale législative du mois de.... de 1792. Le département de l'Oise l'honora ensuite de sa confiance en le nommant à la convention nationale, où il se montra digne du glorieux titre qui lui avait été accordé et des fonc-; tions augustes qu'il avait à remplir. Mais bientôt sa vertu républicaine, sa mâle énergie portèrent ombrage au *Cromwel français*, qui sut adroite-ment l'amalgamer dans la conspiration *Hébert*, etc. Il fut condamné à mort et exécuté le 4 germinal an 2,.... par quels motifs?... on l'ignore; mais ce sont les mêmes qui conduisirent sur l'échafaud le vertueux *Philippeaux*, l'énergique *Danton*, le sensible *Ca-mille Desmoulins* et sa jeune épouse, l'infortuné *baron de Trenk*, et tant d'autres dont les noms sont immor-talisés par les regrets des vrais amis des hautes destinées de la France, et des sincères républicains. --- Quand ver-

rons-nous leur mémoire réhabilitée?...
Que dis-je?...ils n'en ont pas besoin...
ILS ÉTAIENT INNOCENS !....

(2.) La translation des cendres de J. J.
au Panthéon est contraire au texte de
la loi du 21 septembre 1791 , qui, en
reconnaissant la propriété du citoyen
*Girardin* , porte en termes exprès que
les cendres de ROUSSEAU lui resteront.

Pourquoi donc avoir privé les habitans d'Erménonville des dépouilles
chéries de celui qu'ils nommèrent tous
leur père?... Pourquoi avoir privé les
citoyens, les bonnes mères de famille ,
les amis de la vérité, les étrangers et
les amans de faire un pélerinage à la
tombe de cet immortel écrivain?....
Pourquoi cherchons-nous donc à imiter
les Anglais , qui rassemblèrent confu-
sément les cendres de *Newton,* de *Pope,*
de *Garrick,* d'*Young* et autres hommes

célèbres , dans l'abbaye de West-
minster?... Le Panthéon doit-il donc
être un cimetière? Il doit seulement
offrir le buste des hommes illustres qui
ont coopéré à la révolution et à notre
régénération; il doit, en un mot, être
l'histoire de la République en sculpture...
Qu'un marbre ou qu'une pierre présente leur oraison funèbre.... Par-là
on éviterait mille inconvéniens qui se
sont rencontrés jusqu'ici, et les scènes
indécentes qui ont précédé et suivi
l'entrée de *Marat* ( dont le nom seul
est une injure ) dans la tombé érigée au
profond, au sublime *Mirabeau*.

Laissez les cendres du citoyen qui
s'est illustré en se sacrifiant au bonheur de l'humanité et à la prospérité
de la République , dans le lieu qu'il
s'est choisi lui - même : *la sépulture
placée dans le lieu du décès excite*

*toujours un intérêt beaucoup plus vif...*
Que diraient les premiers Romains s'ils
voyaient ailleurs qu'au *Forum* le buste
de BRUTUS.

C'est dans un moment où l'on cherche à avilir la mémoire de ROUSSEAU,
que je viens au nom de tous les vrais
amis de J. J., au nom de toutes les ames
sensibles et généreuses, réclamer le retour solennel de ses précieux restes
dans le tombeau que lui a érigé le sensible *Girardin.* Depuis le 20 vendé-
miaire an 3, cet homme respectable
s'ayant vu arracher son ami, a quitté
Erménonville, objet constant de sa
bienfaisance.

Citons quelques traits:.... *Alexandre
le Grand* faisait tant de cas de l'incomparable auteur de l'*Iliade* et de l'*O-
dyssée*, qu'il répondit à ses courtisans,
qui lui représentaient l'usage qu'il devait

faire de la boîte aux parfums de *Darius* : « Il vaut certes beaucoup « mieux employer une telle boîte à « renfermer les livres d'HOMÈRE, afin, « ajouta-t-il, que l'ouvrage du monde « le plus précieux par sa richesse (*a*), « soit dépositaire du plus beau chef- « d'œuvre de l'esprit humain.... (*b*) »

Le vainqueur d'Arbelles fit rétablir Stagira, patrie d'ARISTOTE, que *Philippe* avait détruite, et ordonna, lors de la prise de Thèbes, d'épargner la famille et la maison de PINDARE (*c*).

---

(*a*) Tout le monde sait que cette boîte était enrichie d'or, de diamans, de perles et autres pierres précieuses.

(*b*) PLINE, *Histoire Nat.* Livre VII, Chapitre XXIX.

(*c*) Vie d'*Alexandre*, par PLUTARQUE.

Et nous qui avons porté la Liberté des marais de la Hollande aux bords du Tibre, des hautes montagnes de l'Helvétie aux isles de la Méditerranée ; nous qui avons vaincu tous les rois de l'Europe, ne devons-nous pas être plus grands encore?... Rendons donc JEAN-JACQUES ROUSSEAU aux champs, aux bois qu'il habita les derniers instans de sa pénible carrière, et que réclament nuit et jour ses augustes mânes !...

(3.) MARIE-ELIZABETH JOLY, ancienne actrice des Français, née à Versailles en 1761, Elle cultiva dès sa tendre jeunesse l'art dramatique. Cette femme, si recommandable sous tous les rapports, fut fille respectueuse, épouse fidèle, mère tendre, amie sincère, citoyenne vertueuse, artiste pleine de grâces et de talens, Elle aimait beau-

coup J. J. Elle pratiquait avec une
sainte religion tout ce que la Nature a,
par son divin organe, prescrit aux
mères. Comme Rousseau, elle évitait
le tumulte de la société et les cercles
bruyans. — Cette estimable citoyenne
après avoir coulé des jours sereins,
fruit inséparable de ses vertus, de sa
bienfaisance et de la beauté de son ame,
a terminé sa carrière à Paris, le 16
floréal de l'an 6, âgée de 37 ans. Ce
fut en 1788 qu'elle consacra une couronne à l'illustre citoyen de Genève.
— Voici les détails de ses obsèques,
que j'ai pris dans le *Journal du Calvados.* Son corps a été transporté à
Poligny, département du Calvados,
dans la maison de campagne de son
mari, pour être inhumé, selon le desir
qu'elle en avait témoigné, sur une
montagne appelée la *Roche-St.-Quentin,*

à

à deux lieues de Falaise. Dès que les habitans de Potigny ont su que le cercueil était prêt d'arriver, ils se sont rassemblés en grand nombre pour recevoir, avec l'expression de la plus touchante sensibilité, la dépouille mortelle d'une femme qu'ils ont honorée et aimée pendant sa vie. Ils l'ont déposée dans leur église, jusqu'à ce que son tombeau fût creusé. On l'a taillé dans le roc, sur le bord d'un précipice dont la profondeur étonne l'œil du voyageur. La montagne dès-lors a pris le nom de *Mont-Joly*. L'inhumation s'est faite le 15 de prairial, avec beaucoup de décence et de simplicité, en présence des officiers municipaux, et d'une foule innombrable de spectateurs. L'époux de la citoyenne *Joly* assistait à cette lugubre cérémonie, avec ses cinq enfans, dont quatre soutenaient les

* O

coins du drap mortuaire, et le cinquième, âgé de six mois, était porté
dans les bras de sa nourrice. La garde
nationale était sous les armes ; le com-
missaire du directoire exécutif a prononcé un discours qui a vivement ému
tons les assistans ( *d* ).

(4) Voici la lettre que ce jeune
homme écrivait au citoyen *Girardin*
avant de mourir, et qui a été trouvée
sur lui lorsqu'il fut relevé.

« *Erménonville, le 2 juin 1791.*

« Monsieur ! il est impossible de

---

( *d* ) Cette cérémonie funèbre rappelle le
monument que la tendre *Artémise* éleva à
*Mausole*, son époux ; ainsi que celui que le
triumvir *Metellus Crassius*, qui périt dans
la guerre contre les Parthes, éleva à *Cecilia
Metalla*, sa vertueuse compagne. Ce dernier existe encore : il est sur la voie Ap-
pienne, et est nommé *Capo-di-Bove*.

vous dire tout-à-fait le sujet de ma mort;
je ne le sais pas, et suis dans un état trop
violent pour être précis et supporter
la méditation ; ainsi donc je vous sup-
plie , au nom de ce qui est le plus cher
à votre cœur , de me faire enterrer sous
quelque épais feuillage dans un de vos
admirables jardins.... Gardez-vous bien
de croire, monsieur, que le motif qui
m'a porté à cet attentat soit le vol, le
brigandage ; de pareilles actions furent
de tous tems détestées de mon cœur,
et n'entrèrent jamais dans mes principes...... On trouvera cette malheureuse victime de l'amour et d'une ex-
trême sensibilité aux environs de cette
isle si chérie des ames sensibles , où
repose le célèbre ROUSSEAU ,..... lieu
charmant qui convient si bien à son
caractère et à ses goûts , qu'il avait
choisi pour déposer ses dépouilles mor-

telles.... Toute personne sensée trouvera que c'est avilir la mémoire de ce
grand homme et fouler aux pieds ses
brillans écrits, de le transporter parmi
un monde corrompu qu'il a de tout
tems si justement détesté.

« Je suis d'une famille la plus obscure, je ne sais rien, je ne fus rien que
trompé et trahi de toutes parts. Devenu
misanthrope depuis fort long-tems, j'étais comme un fou qui boude contre
tout le genre humain, sans cependant
cesser d'être bon dans le fond de l'ame,
et d'observer les règles des honnêtes
bienséances; j'ose dire même, à haute
voix, m'être toujours conduit parmi
les hommes suivant les conseils de l'honneur. Je n'étais d'aucun pays; toutes les
nations m'étaient indifférentes, j'errais
en vrai cosmopolite sur ce vaste univers... Par-tout où je voyais la belle

Nature, des bois, des coteaux, de belles prairies, je me trouvais chez moi, parmi mes amis!... Vous demanderez, *peut-être*, de quelle religion j'étais?... le voici:... d'AUCUNE. J'estime le but de toutes, mais d'une manière différente à celle des hommes. Le dieu que j'adore n'est point celui des prêtres. Le dieu de mon cœur et de mon ame n'est point coulé dans un moule, ni vendu avec usure par d'avides compagnies en sortant de leurs manufactures;.... mais il est celui d'un honnête homme qui sait penser, d'un homme qui, en voyant le grand principe de la Nature, y reconnaît avec transport le père des ames, le créateur des corps célestes ; il voit par-tout son Dieu dans ces étonnantes merveilles qui confondent et surpassent toutes nos pensées.

« Voilà, monsieur, ma profession de
foi à laquelle on ne m'a jamais vu dé-
roger; elle fut gravée dans mon cœur
par une cause plus efficace et plus puissante que celle des hommes ; aussi l'au-
torité des écrits mensongers ni celle
des opinions n'ébranlèrent jamais ces
principes.

« Je vous prie, monsieur, ne refusez
pas une sépulture aux lieux que vous demande un malheureux rêveur mélancolique, qui, peut-être, n'aurait pas
été indigne de votre grand cœur s'il
avait eu l'honneur d'être connu de
vous. Je vous prie, sur-tout, que mon
corps ne soit point enterré dans un
cimetière, ni par un cortège de sal-
timbanques, professeurs de fatras et
d'absurdités, qui peut-être, par leurs
hurlemens lugubres, me rappelle-
raient à la vie *pour leur malheur.*

Je désire ardemment d'être enterré par deux bons vieillards, qui me plaignent sans me mépriser, et à qui je donne mes pauvres vêtemens, et d'avoir pour cercueil deux misérables planches conformes à ma destinée.

« Je ne veux point vous tromper, monsieur, n'ordonnez aucune dépense, car vous n'en seriez jamais remboursé, d'autant que je n'ai point de fortune sur la terre, sans parens quelconques, et même sans amis.

« Adieu, monsieur, je meurs le cœur rempli de vous et de vos bienfaits, avec la vive persuasion que vous m'accorderez la première et la dernière grace que je vous demande, qui est un devoir sacré que le ciel et votre cœur vous imposent.

« Je vais parcourir le grand espace !... et bientôt savoir la cause qui fait que j'étais né sensible.... Ah !... qu'il est malheureux l'homme sensible !...

(Ainsi signé) 3. S. 1. L. S.. R........

P. S. « Trouvez bon, monsieur, que j'aie la délicatesse de laisser ignorer mon nom : je suis homme, ce titre seul suffit à un galant homme pour faire une bonne action. Daignez croire que vous n'aurez pas obligé un ingrat, si toutefois cependant il était possible à l'homme d'être reconnaissant après sa mort....

« Ne me jugez pas trop sévèrement : croyez que l'honnête homme se trouve quelquefois dans des circonstances où la vie n'est qu'un véritable fardeau qui le rend à charge à lui-même. Quand il est assez sage pour n'en point imposer à ses propres lumières, il voit

les

les choses nues, telles qu'elles sont,
sans les couvrir du voile trompeur de
l'illusion, qui toujours flatte de vaines
espérances, abuse le sot qui s'y livre
et le couvrent de honte, ce qui le rend
abject à lui-même.... Enfin, plus je
réfléchis sur les différentes causes des
malheurs qui m'accablent, plus je vois
que la Nature ne m'avait point orga-
nisé pour vivre plus long-tems parmi
les hommes, et supporter leurs bri-
gandages.... Ah! qu'il est difficile à un
honnête homme de se frayer un chemin aisé pour vivre heureux avec ses
semblables, et d'être à la fois content
d'eux et de lui-même!!...

« Il faut peut-être des vertus et plus
de courage qu'on ne pense pour le sui-
cide. Celui-là qui n'a ni ame, ni cœur,
ni sentimens, assurément ne s'en rendra
jamais coupable.... Je trouve qu'un

P

homme qui sent qu'il n'est attaché par
aucun lien à la société , qui n'a ni enfans à protéger, ni père à secourir:
sans doute qu'en cet état affreux, c'est
une lâcheté que de supporter la vie,
lorsque cette action n'est point pour se
soustraire au châtiment, ni la suite
d'aucun forfait.... Quel est celui à qui
elle peut faire de la peine?... C'est une
action libre et particulière, qui ne regarde personne.... Soyez tranquille,
monsieur, elle ne fera jamais beaucoup de progrès:.... il y a fort peu
d'hommes en état de la commettre;...
ce n'est pas l'ouvrage d'un seul jour....
Eh, grand Dieu! qui peut mieux le savoir que moi?....

« Je suis dans un état si affreux,
qu'il m'est impossible d'achever cette
lettre...,... Hier, j'en ai écrit plu-

sieurs (e), mais aujourd'hui je ne saurais écrire un mot dans l'ordre nécessaire, ni classer mes idées de manière à supporter la lecture.

« C'est un amour malheureux, la mélancolie, le goût des rêveries et ma sensibilité qui m'ont perdu!... C'est un état trop actif pour l'homme; il n'y résiste pas long-tems..... »

(N. B.) J'ai conservé à cette lettre le désordre que l'auteur avait mis dans ses idées. Je n'y ai rien diminué ni augmenté, et je crois pouvoir dire que c'est la première fois qu'elle est livrée à l'impression. Sur le dos de cette lettre sont écrites ces lignes :

« Je prie, au nom du ciel, tous ceux à qui cette lettre tombera entre les

_____

(e) Tout porte à croire que ce jour-là il écrivit à son amie, puisque, comme je l'ai dit plus haut, elle est venue deux jours après.

mains, de la faire passer le plutôt possible à M. le marquis de *Girardin*,
à qui je l'adrésse. En cas d'absence ou
de nécessité, sur-tout *qu'elle ne soit*
*point ouverte par un prêtre*, car elle
n'est écrite que pour un ami de la vérité, exempt de tous préjugés.

« Estimables habitans de la campagne! ne portez aucun mauvais ju-
gement sur personne pour ce témé-
raire attentat... C'est moi-même, que
vous voyez étendu à vos pieds, qui
suis le seul coupable de ce grand crime.

« Hommes ignorans et à prétentions!
écartez-vous de ce spectacle, ce n'est
pas à vous à qui je m'adresse, *c'est à*
*un sage*, qui connaît les passions des
hommes et les différentes dispositions
du cœur humain. C'est ce grand homme,
s'il se trouve, que je prie, avec la plus
vive instance, d'empêcher que mon

corps soit enterré avant que M. *de Gi-rardin* ait pris lecture de cette lettre, qui contient les éclaircissemens néces-saires pour en régler la destinée. »

(5) *Gandat*, habile paysagiste fran-çais, et l'une des plus fortes flûtes traversières de l'Italie. Il y passa plu-sieurs années. Sa passion pour J. J. ROUSSEAU était telle, qu'une grande partie de ses tableaux rappelle les beaux passages de l'*Émile* et de la *Nouvelle Héloïse*. Cet artiste, dont le génie était tout sentiment, est mort à Erménonville, il y a deux années, après avoir peint toutes les vues de ce beau village. Il appartenait à un peintre de la Nature de finir des jours coulés dans l'étude et le travail le plus constant près de l'interprète toujours vrai de la raison et des grands talens.

P 3

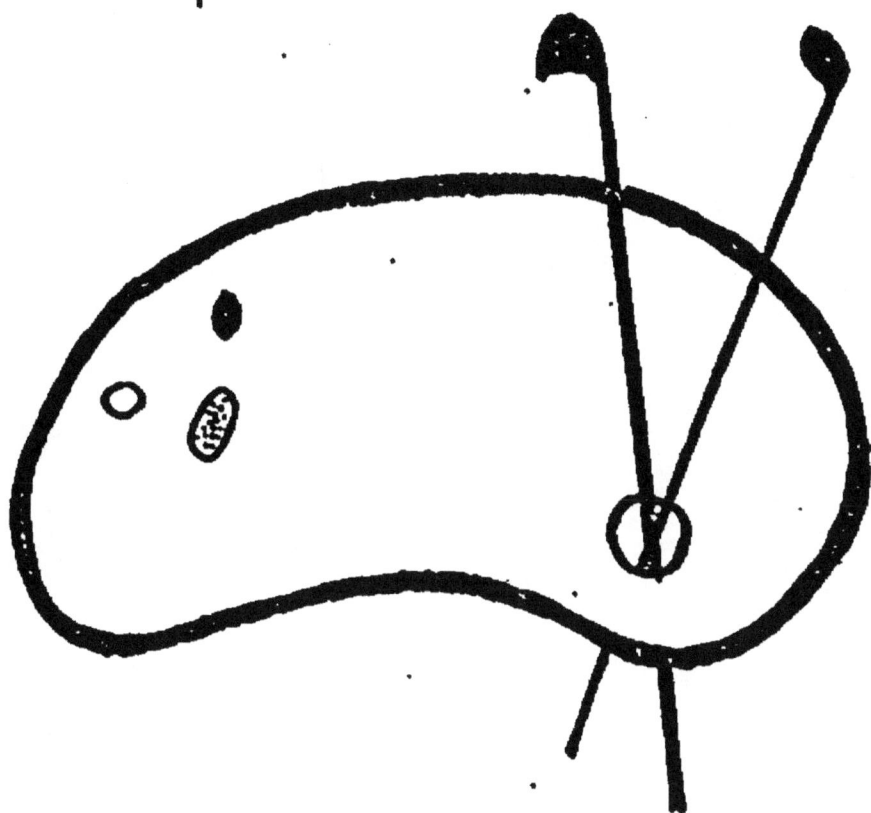

ORIGINAL EN COULEUR
NF Z 43-120-8

www.ingramcontent.com/pod-product-compliance
Lightning Source LLC
Chambersburg PA
CBHW070403090426
42733CB00009B/1519